CONDIVIDE ET IMPERA

Rudy Bandiera

CONDIVIDE ET IMPERA

convinci con il cervello, persuadi con il cuore e influenza per come sei

MONDADORI

SOMMARIO

LO SGUARDO **D'INSIEME**

"Ogni tecnologia sufficientemente avanzata non è distinguibile dalla magia".
È con queste bellissime parole di Arthur C. Clarke, l'autore del romanzo *2001. Odissea nello spazio*, che voglio iniziare questo libro basato sulle persone. Ma come: iniziare un libro che parla di persone con una citazione sulla tecnologia? Sì, e vi spiego perché.
Metto sempre questa bellissima frase in apertura delle mie slide, che mostro ovunque, a prescindere dal livello di conoscenza, di approfondimento e di formazione da affrontare.
Sono parole potenti. E, al contrario di quello che potrebbe sembrarci, non parlano di tecnologia, ma inneggiano a una profonda, maldestra, fragile e incauta umanità.
Un'umanità che, se tenuta nell'ignoranza, non è in grado di distinguere nulla ed è al contempo colpevole e inconsapevole di non sapere.
Sì, perché se ognuno di noi fosse consapevole dei propri limiti e della propria ignoranza, da un certo punto di vista, non sarebbe più ignorante.
Lo diceva anche un certo... un certo Socrate, se non sbaglio.
No, non Sócrates, che giocava come centrocampista nel Brasile.
In ogni caso, non divaghiamo. Se gli antichi Egizi avessero visto un elicottero, avrebbero pensato a una macchina volante a propulsione termica, o a un dio sceso dal cielo con un carro rombante?
A mio parere, è più probabile la seconda ipotesi.
Ogni tecnologia evoluta è in parte indistinguibile dalla magia proprio perché non sappiamo tutto; e quindi, ignorando, assegnamo a determinate cose motivazioni e ruoli che in realtà non hanno.

E qui casca l'asino, si diceva una volta: se facciamo questo con la tecnologia, lo facciamo con tutto, compresa la comunicazione. Se non conosciamo le tecniche con le quali ci possono manipolare, non ci possiamo difendere dalla manipolazione e non possiamo nemmeno riconoscerla. Ma, allo stesso modo, se conosciamo le reazioni profonde delle persone, ci possiamo adattare per andare loro incontro. L'ignoranza ci porta anche a non poter sfruttare le risorse che abbiamo a disposizione; conoscerle, invece, ci permetterebbe anche di tramutarle in un mestiere.

NON ESAGERO, NE SONO CERTO, QUANDO DICO CHE IL MONDO È MOSSO DALLE RELAZIONI.

Soldi, sesso, amore, successo o amarezza sono tutti frutti, diretti e indiretti, delle relazioni, e oggi questo è ancora più vero.
Il mondo del web, con la sua capacità di avvicinare la gente, ci ha proiettato in una dimensione mai vista prima: quella in cui le persone, che si fidano delle altre persone, diventano il principale, vero e unico veicolo comunicativo.
Gli individui diventano hub.
Va da sé che "la cura delle persone" (che comprende la comprensione e la conoscenza delle potenti dinamiche sociali, oltre alla capacità di mitigarle, se necessario) ci aiuta nel lavoro più complesso e affascinante del mondo: vivere in una comunità che accresca se stessa con armonia.
Perché sto parlando di armonia in un libro sulle digital Pr? Perché

nel mio lavoro, spesso, si confondono concetti come "persuadere" e "manipolare"; ma io non sono qui per insegnare l'infame pratica della manipolazione, questo ve lo assicuro.
È possibile fare le cose bene e in modo eticamente corretto ottenendo comunque dei risultati, quindi perché non sfruttare l'opportunità?
Questo libro vuole offrire uno sguardo d'insieme su quello che è possibile fare in ottica digital e pubbliche relazioni, ma non solo: vuole "fornire una teoria in grado di dare un nome alla pratica inconsapevole". Quest'ultimo è un aspetto sottovalutato e all'apparenza inutile, ma non è così.
Tempo fa, durante la lezione a un master, una professionista che teneva un "focus" prima di me si è fermata ad ascoltare la mia lezione e dopo quattro ore si è avvicinata dicendomi: "Hai dato un nome e un'etichetta a quello che faccio normalmente. Hai dato la teoria alla mia pratica".
Intendeva dire che certe cose le faceva, ma senza conoscere bene le dinamiche, senza capirne chiaramente i confini o le contorsioni, facendo quindi fatica a ripeterle, a catalogarle, a misurarle.
Se facciamo una cosa che ha successo, ci piace; ma ripeterla, se non capiamo i motivi del successo, è impossibile. Allo stesso modo, se non capiamo gli errori e le leve degli insuccessi, ci cascheremo di nuovo e di nuovo ancora.
Ecco, io voglio darvi degli strumenti e dei termini di paragone, degli esempi e dei metri di misura.
Appunto, degli esempi: di lavoro faccio questo, quello che vi sto raccontando, quindi penso che la mia esperienza, raccontata, sia

un valore anche per altri. Raccontare esperienze è più difficile che essere accademici, ma certamente è più efficace. Ecco perché questo non è un libro accademico.

NOI SIAMO **QUELLO CHE FACCIAMO**

Noi siamo quello che facciamo. Anzi: siamo, ancora di più, quello che condividiamo.
Ricordate *Uno, nessuno e centomila* di Luigi Pirandello?
Il protagonista inizia a rendersi conto che le persone intorno a lui hanno un'immagine della sua persona diversa da quella che ha lui, cioè capisce che ogni individuo vede gli altri con i propri occhi e quindi attraverso le proprie esperienze, la propria abitudine e la propria educazione.
Probabilmente siete diversi, agli occhi degli altri, rispetto a come credete di essere.
Quello che voi considerate il vero io è "soltanto" il vostro vero io, non quello che vedono tutti gli altri.
C'è solo una cosa che possiamo fare per cercare di avvicinare il più possibile le persone all'immagine che abbiamo di noi: comunicare noi stessi (o la nostra azienda, il nostro marchio, il nostro prodotto) come vorremmo che venisse percepito, come vorremmo che fosse. Com'è nella nostra testa.
Sì, perché è qui che si cela il "grande mistero" delle digital Pr, ma anche della vendita e della persuasione: nella percezione.
Il mio amico Francesco Sordi, durante le sue strabilianti lezioni

di marketing scientifico, chiede sempre: "Descrivetemi cos'è un brand". E spesso ottiene risposte scoraggianti... Oltre a ribattere che un brand è "un marchio", l'uditorio non dice molto.
In effetti tutti i giorni ne sentiamo parlare, ma, forse, non ci fermiamo mai a pensare a cosa sia un brand, o a quale percezione abbiano le persone di un determinato marchio. La cosa importante non è quello che "io" penso sia il mio marchio o quello che credo rappresenti, ma ciò che hanno in testa gli altri. È una percezione nella mente di ognuno, un pensiero, una forma, una sensazione.
E com'è possibile creare un brand, cioè formare un'immagine nella testa delle persone? Con la comunicazione.
Benissimo, ma visto che le persone si fidano delle persone, ed è un po' il fulcro attorno al quale ruota questo libro, come possiamo arrivare a loro in modo pulito, chiaro, nitido e forte senza il rischio di creare idee (e quindi brand) sbagliate? Con le pubbliche relazioni. Come vedete, tutto torna.
Immaginate: ogni giorno, sui social, mostro delle immagini in cui corro. Tutti i giorni. Con luce diversa, con angolazioni diverse, con punti di vista e percorsi differenti, ma tutti i giorni pubblico immagini di me che corro.
Cosa penseranno le persone di me? Probabilmente che sono un runner.
Non importa che nella realtà sia un pigrone, perché la percezione che si avrà di me sarà quella di una persona che corre sempre. Sempre, non alcune volte.
Okay, forse abbiamo un problema. Rudy, ci stai per caso dicendo che dobbiamo creare un personaggio?

COME DOBBIAMO ESSERE ONLINE? DOBBIAMO COSTRUIRE UN PERSONAGGIO O ESSERE NOI STESSI?

Allora, partiamo da un assioma: tutti noi abbiamo creato un personaggio, il nostro personaggio. Tutti noi siamo come pensiamo di essere, e non necessariamente come gli altri ci percepiscono. Creiamo la nostra identità facendo delle scelte, avendo dei gusti e portando avanti con forza delle opinioni; ma, spesso, sosteniamo opinioni e idee che altri hanno avuto prima di noi, solo per riprova sociale.
Noi siamo le nostre scelte, siamo le nostre decisioni.
Una volta fatte queste scelte e prese queste decisioni, passeremo il nostro tempo a cercare di confermarle a noi stessi, perché a nessuno piace aver fatto delle scelte sbagliate.
Questo ci condiziona e ci porta a mantenere una linea dura su come essere, anche se non ci rappresenta in pieno. La portiamo avanti perché l'abbiamo scelta, non perché siamo davvero così o perché continuiamo a esserlo nel tempo.
Quindi tutti noi abbiamo una maschera e creiamo un personaggio.
Più il nostro personaggio è distante dal nostro vero essere, più saremo dissonanti, stonati e... finti.
Quindi, tornando alla domanda di partenza, possiamo ben dire che... è mal posta. In realtà, tutti noi costruiamo un personaggio, ma è importante che sia il più aderente possibile a come siamo davvero,

non a quello che pensiamo di essere. Se non siamo runner, ma ci piacerebbe esserlo, non dobbiamo mostrare che lo siamo, bensì il nostro percorso per diventarlo.
In definitiva, bisogna costruire il proprio personaggio, perché è impossibile non farlo, ma è necessario renderlo quanto più aderente alla realtà.
"Sii te stesso" forse è troppo, ma vacci il più vicino possibile, ecco.
Attenzione, se state pensando che quello che avete appena letto sia relativo ad alcuni settori, oppure solo a un certo tipo di mercato, o unicamente al personal branding, vi sbagliate, perché vale per tutto: persone, brand, prodotti.
Parte tutto da ciò che siamo, non da ciò che vogliamo far credere di essere; e le pubbliche relazioni sono fatte di ciò che siamo.
Dobbiamo credere in quello che facciamo, nel prodotto che rappresentiamo, nell'attività che svolgiamo.
Di fatto, non è possibile fare pubbliche relazioni senza la certezza che quello che si dice sia corretto, vero, utile.
Non voglio fare della morale spicciola, ma penso sul serio che la rete, con tutti i suoi mezzi così potenti e penetranti, abbia un valore enorme a livello di marketing e di persuasione, ma anche una responsabilità gigantesca verso le persone e la società: **se non siamo responsabili, l'influencer marketing** (di cui parleremo moltissimo) **diventa una marchetta, il marketing manipolazione e la comunicazione propaganda.**
Di tutto questo parleremo in modo molto dettagliato durante il libro, ma è importante precisare e ribadire fin dall'inizio che nessuno, leggendo queste pagine, imparerà a manipolare gli altri o a circuirli.
Un'ultima cosa per concludere questa introduzione: nel libro troverete

molti esempi concreti, cose che mi sono capitate davvero e che, secondo me, vale la pena di raccontare. Ho cambiato settori di appartenenza, non ho usato nomi e non ho specificato i casi precisi, perché credo non sarebbe stato corretto farlo, ma tutto quello che ho portato come esempio è realmente accaduto.
Una cosa fondamentale per imparare a fare il mio lavoro è l'esperienza. Ecco: voglio condividere e mettere a vostra disposizione tutto il mio bagaglio esperienziale, perché penso che sia un valore.
Al contrario, soprattutto nella parte dedicata alle tecniche, cercherò di fare degli esempi di tool da utilizzare e proverò a spiegarvi come affrontare alcuni aspetti, ma non approfondirò troppo i passaggi, sostanzialmente per due motivi: perché questo non è un manuale ma un libro che deve suggerire degli indirizzi; e poi perché certe tecniche e certi strumenti cambiano troppo in fretta per poter essere catalogati. Questo libro illustra i metodi, i canoni e le idee; vi mostra una strada che dovrete percorrere da soli.
Perché, per usare le parole di Ernest Hemingway,

"OGGI NON È CHE UN GIORNO QUALUNQUE DI TUTTI I GIORNI CHE VERRANNO, MA CIÒ CHE FARAI IN TUTTI I GIORNI CHE VERRANNO DIPENDE DA QUELLO CHE FARAI OGGI".

PRIMA PARTE

teorie

1 IN QUALI CASI È INDISPENSABILE FARE PUBBLICHE RELAZIONI

Prima di ogni altra cosa, dobbiamo dare una forma alle pubbliche relazioni, cioè dobbiamo dare una definizione che sia universalmente riconosciuta, dopo di che dovremo scindere le parole e analizzarle una per una.
Le pubbliche relazioni sono quelle attività che hanno come fine lo sviluppo della credibilità di un'organizzazione (sia essa azienda, un'organizzazione politica, una persona o un marchio), sostenendone l'immagine e la reputazione presso il pubblico ritenuto influente e ottenendone quindi benevolenza (o goodwill, come dicono quelli bravi).
In particolare, le pubbliche relazioni servono a creare benevolenza attorno a qualcosa in presenza di alta asimmetria informativa. Ed ecco un concetto che dobbiamo per forza approfondire prima di parlare di pubblico, di relazioni e di digital: non possiamo parlare di Pr se non chiariamo questo passaggio.
Allora, cos'è l'asimmetria informativa? Lo spiego come farebbe il professor Francesco Sordi, già menzionato in precedenza, specialista di marketing scientifico.
Nel mercato esistono l'offerta e la domanda:
l'asimmetria informativa è quella condizione per cui, nel mercato, uno dei due soggetti ha meno informazioni dell'altro riguardo al prodotto.
La condizione più comune è ovviamente l'asimmetria informativa a carico della domanda, dove il cliente non ha tutte le informazioni necessarie per procedere con un acquisto pienamente consapevole. Questa situazione crea nel cliente uno stato emotivo chiamato dissonanza preacquisto; è incerto, insicuro su quale prodotto in commercio risponda meglio alle sue esigenze. Per uscire da questa

situazione, e poter quindi compiere una scelta, il cliente cerca delle "informazioni sostitutive" che siano capaci di suggerirgli la soluzione ottimale.
Esistono tre categorie di informazioni sostitutive:

1. il prezzo: il cliente tende a pensare che esista un rapporto diretto tra prezzo e qualità e che quindi un prezzo maggiore sia indice di maggiore qualità;

2. il brand: se il marchio è noto e riconosciuto, funge da garante circa le qualità del prodotto;

3. il passaparola: il cliente si fida di ciò che altre persone (influenti) dicono.

Perché in questi contesti di asimmetria sono molto importanti le pubbliche relazioni?
Perché la loro azione aumenta con l'aumentare dell'attenzione che il cliente rivolge all'opinione altrui, dal momento che necessita di informazioni sostitutive.
Le pr, quindi, sono fondamentali nei contesti ad alta asimmetria informativa a carico della domanda.
E in quali casi un prodotto o un servizio non vengono capiti bene dal potenziale cliente? Quando, ad esempio, si tratta di prodotti complessi, o quando il mercato non ha (o non ha ancora) le adeguate conoscenze per approcciarlo.
Più è alto il livello di asimmetria informativa, più sarà necessario mettere in atto attività di pr.
Prima di continuare, se vi state chiedendo perché abbia menzionato due volte Francesco Sordi in poche pagine, la risposta sta nel fatto che tenevo proprio con lui il corso di digital Pr presso l'università IUSVE

di Venezia (che mi ha permesso di approfondire questi argomenti in modo molto preciso). Ecco perché devo citarlo spesso, perché Francesco è parte di un percorso e non vorrei che pensasse che gli rubo le frasi senza dire che sono sue! Anche queste sono pr?
Ah, no, forse è solo buona educazione e rispetto.

1.1 IL **PUBBLICO**

Stiamo parlando di pubbliche relazioni digitali e quindi, intrinsecamente, anche di pubblico, di relazioni e di digitale, tre cose diverse che se messe insieme diventano esplosive come l'unione di nitrato e glicerina.
Ma il pubblico, questo benedetto pubblico che tutti nominano, cos'è?
Quando parliamo di "un pubblico" e non della "cosa pubblica", per capirci, ci riferiamo a un insieme indistinto di persone. È un termine che può essere contrapposto a "individuo" o "privato".
Come abbiamo detto, le pubbliche relazioni sono attività svolte nei riguardi di un pubblico influente, quindi per pubbliche relazioni non intendiamo "relazioni in piazza", ma "relazioni verso un determinato tipo di pubblico".
Le persone che si relazionano tra loro costituiscono un pubblico, e noi dobbiamo indirizzare la nostra attenzione verso quello che più ci interessa. La prima cosa da sapere, se ci avviciniamo alle pr, è che non possiamo pretendere di parlare con tutti, ma dobbiamo rivolgerci solo al nostro pubblico, il quale è composto da individui...
E ora la faccenda si fa interessante.

1.2 LE NOSTRE **RELAZIONI**

Il sociologo americano Mark Granovetter sosteneva che le relazioni personali fossero integrate in reti sociali capaci di generare fiducia e di creare dinamiche di scambio diverse da quelle che caratterizzano la razionalità economica. Tradotto per me e per tutti voi che state leggendo, ciò significa che le relazioni possono avere un "ritorno", ma questo non deve essere necessariamente o direttamente di natura economica.

Una delle cose più belle delle letture sulle Pr è che non si parla di fredde statistiche o congetture, ma di persone, comportamenti, atteggiamenti e prese di posizione (a volte consapevoli e formali, a volte no). Stiamo parlando della scienza di capire i comportamenti degli uomini e delle donne quando sono con altri individui; i "come" e i "perché" delle scelte che fanno e delle decisioni che prendono. Sappiamo tutti che un mondo senza relazioni, che si basano sulla condivisione (di cose e informazioni), non sarebbe possibile, o non sarebbe umano.

Ricordo una discussione amichevole avvenuta qualche anno fa, durante una cena, nella quale un mio caro amico mi disse che il suo sogno sarebbe stato quello di trovarsi su un'isola deserta con Naomi Campbell. Dopo una fragorosa risata, dissi che rimanere "da solo" con lei non gli avrebbe dato la soddisfazione che invece avrebbe provato stando con lei ma potendolo raccontare a qualcuno. Quindi stare su un'isola deserta con Naomi Campbell e un tizio curioso ma non invadente, a mio avviso, sarebbe stato più divertente. Ma il mio amico disse di no, che lo avrebbe fatto solo per sé, per soddisfare il suo ego.

Però – e alla fine il mio amico mi diede ragione – l'ego non viene appagato del tutto, se non possiamo condividere le nostre azioni con qualcuno. Siamo fatti di relazioni, e sono queste a renderci umani.
Parlare con gli altri di cose che ci riguardano, esprimere i nostri giudizi, raccontare noi stessi e le nostre vite fa parte della nostra natura ed è il vero grande quid dell'uomo rispetto agli altri animali. **L'essere umano è in cima alla catena alimentare non perché più forte, ma perché in grado di relazionarsi** in modo più efficace di quanto non facciano le altre specie animali.

1.3 LA VITA **DIGITALE**

Cosa vuol dire digitale? Sì, perché non possiamo dimenticare nemmeno per un attimo che questo è un libro sulle digital Pr, non sulle Pr e basta. Questo significa che alcune cose valgono in entrambi i "mondi", online e offline, ma altre solo su internet. Quindi, perdonatemi, ma dobbiamo capire bene di cosa stiamo parlando, perché senza i giusti presupposti non possiamo arrivare alle giuste conclusioni.
Il web e internet sono due cose diverse, anche se, spesso, si tende a considerarle identiche. Quando vi svegliate la mattina e con il vostro cellulare guardate la posta, state usando internet, non il web; e anche quando, sempre dallo smartphone, guardate Facebook, Twitter o il meteo, state usando internet, non il web.
Il web è, di fatto, un servizio di internet, perché internet è la rete mondiale di reti interconnesse tra loro, l'infrastruttura tecnologica che ci unisce.

Il web è tutto ciò che utilizziamo attraverso un browser e che apriamo con http:// o, più semplicemente, con www.
Quando aprite Facebook dal pc state usando il web, ma anche internet, ovviamente; quando lo aprite dallo smartphone, state usando internet, ma non il web.
Tutto questo ci porta a una riflessione piuttosto contorta: che il web non esiste, ma esistono persone che si riuniscono in gruppi online.
Mi spiego, prima che mi prendiate per pazzo. Non sto dicendo che il web non esiste in senso assoluto, ma se esiste come struttura basata su internet, nella quale le persone si scambiano ogni tipo di informazione, allora il web sono le persone e i contenuti da esse prodotti.
Quello che cercheremo di fare è proprio capire come le persone si comportano sul web, ma anche da dispositivi mobili come gli smartphone o dalle varie applicazioni, per convertire quello che ci sembra il rumore di fondo, un inutile vociare, in qualcosa di sensato, strutturato e tangibile.

IL MATERIALE DI CUI È FATTO IL WEB NON È TECNOLOGICO, MA BIOLOGICO.

Quindi, per concludere, il termine "digitale", ovvero un sistema basato su sequenze di numeri, si riferisce all'architettura e alla forma del luogo in cui operiamo, piuttosto che al contenuto.
Noi parliamo solo e soltanto di persone, anche se queste si muovono in un territorio fatto di bit.

2

SIAMO QUI PER VENDERE, MA NON LO POSSIAMO FARE "DIRETTAMENTE"

2.1 Vendere da azienda ad azienda. Business to Business.

2.2 Vendere da azienda a consumatore finale. Business to Consumer.

2.3 Vendere da persona a persona. Human to Human (o Heart to Heart).

Diciamo una cosa con franchezza: siamo tutti qui per vendere qualcosa (una competenza, un prodotto, un servizio, la nostra immagine, il nostro know how, la nostra esperienza). Tutti noi siamo su questo mondo per fare due cose: lavorare (in qualche modo, vendere) e divertirci; e se riusciamo a mettere le due cose insieme, abbiamo vinto.

MA ALLORA, VISTO CHE SIAMO TUTTI QUI PER VENDERE QUALCOSA, DOBBIAMO INTERPRETARE IL WEB COME UN MERCATO?

No! Assolutamente no!
La prima cosa che vi dovete mettere in testa è che il web non è un mercato e che voi non dovete esporre la mercanzia.
Questo è un libro sulle relazioni, non sulla vendita.
Certo, le relazioni ci servono per far conoscere il nostro marchio e il nostro prodotto, per aumentare la benevolenza e la fiducia nei nostri confronti – e tutto questo ci serve per vendere –, ma il mio lavoro non è quello di insegnarvi a vendere, bensì di illustrarvi un percorso che si concluda con la vendita.
Di solito le aziende concepiscono il web come un luogo a costo zero nel quale, grazie al numero enorme di "partecipanti", per vendere è sufficiente esserci.

Il ragionamento che fanno in molti è semplice e lineare... oltre che sbagliato: se prima avevo mille persone che potevano passare davanti alla mia attività, adesso, potenzialmente, le persone sono infinite, nella misura in cui esistono individui connessi a internet.
Ciò che ci trae in inganno è quel "potenzialmente".
La domanda vera è: "Perché le persone dovrebbero comprare il nostro prodotto?".
Di certo non perché noi raccontiamo che è il migliore o quello che costa meno, e di certo nemmeno perché sia oggettivamente il migliore al mondo, visto che "migliore" è un concetto aleatorio e tutt'altro che oggettivo, e dipende dal soggetto che valuta.
Allora perché?
Quando noi compriamo, non scegliamo un prodotto, ma scegliamo un rapporto e un'esperienza.
Per capirci: se vendo automobili, non posso tentare di vendere semplicemente dieci quintali di ferro mossi da un motore termico che disperde l'ottanta percento del suo potenziale in calore.
Non lo posso fare se voglio fatturare, quindi devo vendere una percezione, un'esperienza potenziale, un sogno.
Devo vendere il canto rabbioso del motore, se è una macchina sportiva; oppure la sicurezza per i miei bambini, se è una macchina confortevole; o il basso impatto ecologico, se è una macchina ibrida, anche se si tratta pur sempre di dieci quintali di ferro mossi da un motore termico che disperde l'ottanta percento del suo potenziale in calore.
Di fatto non vendo un oggetto, ma quello che quest'oggetto

rappresenta e mi trasmette; o ancora, quello che l'azienda che lo produce rappresenta per me e per gli altri.
Pensate ad Apple.
Io amo dire che se Apple non avesse avuto Steve Jobs sarebbe Samsung.
La grande forza di Apple, prima ancora della qualità dei prodotti, sta in quello che trasmette come status, in ciò che rappresenta.
Questa è la grande, enorme forza del brand: la percezione che si forma nella testa delle persone in riferimento a un determinato marchio.

2.1 VENDERE DA **AZIENDA AD AZIENDA**. **BUSINESS TO BUSINESS**

Partiamo dalle basi. In questa sezione farò un po' di "ABC", ma cercherò di non dilungarmi.
Se lavoriamo in un'azienda che vende ad altre aziende, allora siamo in una situazione Business to Business (d'ora in avanti B2B).
Per esempio, se vendo centralini telefonici, probabilmente mi muovo in un ambito B2B, perché le persone con le quali ho a che fare e che vogliono comprare il mio prodotto lavorano in altre aziende.
Quindi il prodotto viene venduto da azienda ad azienda.
Ovviamente, per una realtà B2B, in fase di digital Pr bisogna avere accorgimenti leggermente diversi rispetto a quelli che avremmo se vendessimo direttamente al consumatore finale.

2.2 VENDERE DA **AZIENDA A CONSUMATORE FINALE. BUSINESS TO CONSUMER**

Se un'attività vende direttamente al consumatore, parliamo di Business to Consumer (d'ora in avanti B2C).
Se per esempio vendo cover di telefoni, sono B2C, così come se sono proprietario o gestore di una pizzeria; mentre l'azienda che vende farina industriale per le pizzerie è B2B.
Se vendo consulenza aziendale, sono B2B, e se vendo formazione professionale posso essere sia una cosa che l'altra.
È del tutto ovvio che, se vendo pacemaker, l'approccio sui social e in rete o sul mio sito è diverso, molto diverso, dall'approccio che avrei se vendessi cover per cellulari. E lo è per due motivi: perché sto parlando di prodotti complessi e costosi; e perché mi sto rivolgendo solo a professionisti di altissimo livello oppure ad aziende ospedaliere.
Non è meglio o peggio, ma diverso, così come diverso è il percorso di credibilità da attuare.
Ma veniamo al mio preferito...

2.3 VENDERE DA **PERSONA A PERSONA. HUMAN TO HUMAN** (O **HEART TO HEART**)

Il mondo è cambiato e chi ancora non se ne accorge non ha solo problemi di business, ma anche di miopia seria.
Avrete notato che, parlando di B2B e di B2C, ho sempre messo in mezzo la parola "persone".

Un brand non è ciò che dice di essere, ma quello che le persone percepiscono in riferimento al brand.
Se costruisco automobili con materiali mediocri, motori concettualmente vecchi, colori spenti e consumi elevati, e poi dico che il mio prodotto e il mio marchio sono all'avanguardia, sto mentendo e le persone lo sanno. Anzi, lo imparano e lo sentono.

IL BRAND NON È QUELLO CHE DICO. IL BRAND È QUELLO CHE GLI ALTRI SENTONO IN RIFERIMENTO AL NOME CHE DICO.

Il web è conversazione, nelle conversazioni prosperano i mercati, dice il *Cluetrain manifesto*; e se questo è vero, le conversazioni avvengono tra persone, tra umani, e devono essere percepite con voce umana.
David Ogilvy, un pubblicitario britannico, nel primo dopoguerra formulò il concetto di brand image, e tutti quanti dovremmo imparare a memoria una sua frase:
"Non scrivere mai un annuncio che non vorresti che fosse letto dalla tua famiglia. Non racconteresti bugie a tua moglie: non raccontarle alla mia".
Quando parlate online, non state vendendo, state instaurando relazioni con altre persone.

Relazioni che devono partire da presupposti di rispetto, tutela del prossimo e onestà. In questo libro parleremo di come si convince, di come si persuade e di come si influenza, ma mai di come si manipola, perché, quando siamo online, parliamo alle mamme delle altre persone e io non vorrei che qualcuno manipolasse la mia.

Quindi ricordiamoci che tutto parte sempre dal prodotto. Posso fare digital Pr fatte bene e in serenità solo se il prodotto è buono, posso essere Human to Human (H2H) solo se non prendo in giro, non manipolo e non mento alle persone.

Questo concetto, importantissimo, è alla base di tutto.

3 LE PERSONE

3.1 Il materiale di cui è fatto il web non è tecnologico, ma organico

3.2 I "guardoni"

3.3 Gli interessati al prodotto, a te o all'azienda

3.4 Un nuovo concetto di vip

3.5 La formula della credibilità

3.6 Il passaparola

3.7 Noi non compriamo un prodotto, ma un modo di essere

Le persone sono al centro della nostra vita. Sono i nostri famigliari, amici e parenti, sono gli individui che scrivono sul giornale, che ci preparano il macinato di vitello al supermercato e che ci dicono quando la nostra pressione minima è troppo alta a causa del colesterolo.
Le persone sono il nostro universo e sono fondamentali. Quello che dobbiamo riuscire a fare è capire come si muovono, come si riuniscono, e dare concretezza al nostro pensiero.

3.1 IL MATERIALE DI CUI È FATTO IL **WEB NON È TECNOLOGICO, MA ORGANICO**

È evidente che stiamo parlando di rapporti online, ma è altrettanto evidente che i rapporti che si generano online hanno le stesse identiche dinamiche di quelli che si generano per strada, tutti i giorni, o con i nostri amici.
Una cosa che dobbiamo ricordare sempre, in ottica digital Pr, è il fatto che non possiamo pensare ad altri come entità astratte, ma come persone che, in quanto tali, hanno le loro voglie, le loro necessità, passioni e frustrazioni esattamente come noi, anche se probabilmente diversificate tra loro.
Non dobbiamo fare l'errore di "scientificizzare" le attività, rendendole solo ed esclusivamente pragmatiche. Dobbiamo capire che stiamo parlando con delle persone che, in quanto tali, sono volubili, spesso ingestibili e a volte incontrollabili.

DOBBIAMO CAPIRE CHE IL WEB NON È FATTO DI MATERIALE TECNOLOGICO, MA BIOLOGICO E COME TALE DEVE ESSERE TRATTATO, CON TATTO E CON UMANITÀ.

Questa umanità di cui abbiamo parlato è composta da diversi tipi di individui contraddistinti da caratteristiche e modi di fare specifici. Non è mia intenzione sezionare gli appartenenti ai gruppi, ma mostrarvi chi sono, cosa fanno e come lo fanno. Voglio darvi delle etichette da poter attaccare alle varie situazioni che vi capiteranno.

3.2 I "GUARDONI"

No, nulla di esotico o di pornografico, solo una semplificazione del più ostico concetto di lurker.
Ma di cosa stiamo parlando? Possiamo rispondere con un dato statistico: circa il novanta percento dei contenuti online è prodotto da circa il dieci percento degli utenti.
Pensateci, è proprio così!
Per esempio, riflettete su Facebook e pensate a quante condivisioni di terzi vedete in giro, ogni giorno: le persone condividono ma producono poco, pochissimo contenuto.

Perché? Perché produrre contenuti originali, freschi e interessanti, spesso, è faticoso. Molto faticoso (ma approfondiremo il discorso più avanti).
Quindi i vostri amici, parenti o colleghi cosa fanno? Guardano senza fare nulla o, al massimo, condividono qualcosa di altri. Ecco, se non fanno nulla, compreso condividere, vengono chiamati lurker.
Attenzione, non è una brutta cosa, ma semplicemente un fatto.
Il barista della pasticceria sotto al mio ufficio, il buon Claudio, ogni mattina mi fa il resoconto di quello che ho scritto il giorno prima, così ci troviamo a parlare, in un modo o nell'altro, e a discutere di contenuti che ho prodotto io. Claudio ama leggere, ma non ama scrivere e tantomeno commentare, ma questo non vuol dire che non esista.
Quante volte vi succede una cosa simile?
Quindi non pensate che se nessuno vi risponde nessuno vi legga; o men che meno non crediate che se un vostro contenuto non fa numeri strabilianti non possa aver avuto successo, nell'accezione commerciale del termine.
Se scrivi un post nel quale comunichi che hai un ottimo prodotto in sconto, potrebbe non commentarlo nessuno; ma se tre persone ti chiamano per comprare il prodotto, allora hai vinto tutto, no?
Anche perché non è detto che questi fantomatici lurker siano disinteressati, anzi...

3.3 GLI INTERESSATI AL PRODOTTO, **A TE O ALL'AZIENDA**

I lurker potrebbero essere interessati al nostro prodotto o servizio anche se non producono contenuto, non scrivono e non dicono nulla, pur leggendo i nostri post. Ma allo stesso tempo è plausibile che non siano interessati.
Mi spiego meglio. Se facciamo uno status promozionale su Facebook e nessuno risponde, non dobbiamo dire o pensare che siano tutti lurker, ma potremmo anche ipotizzare che le persone non rispondono perché non interessate. Ed è comprensibile che una persona non interessata non scriva nulla.
Ma esiste invece un gruppo di persone che è interessato alla nostra sfera di competenza, anche se composto da lurker: sono gli stakeholder.
Vengono definiti i "portatori di interesse" e ruotano attorno a un prodotto/servizio/azienda. Sono interessati ai prodotti, ai servizi, allo stato e al benessere dell'organizzazione, quindi sono da tenere in grande considerazione, visto che, ragionevolmente, saranno clienti, investitori, fornitori o dipendenti, oltre che "semplici" innamorati.
Ma agli innamorati ci torneremo.
Gli stakeholder, anche se di fondamentale importanza per la nostra attività o azienda, non sono l'obiettivo delle digital Pr per diversi motivi, primo fra tutti il fatto che, generalmente, non sono soggetti ad asimmetria informativa, essendo già legati a una certa azienda.
Se sono clienti o fornitori o dipendenti, o anche semplici "fan" del nostro prodotto, con ogni probabilità avremo già i loro contatti, come le email,

e loro saranno facilmente raggiungibili da attività di Adv classico (advertising), attraverso i social e ogni altro sistema di Adv. Insomma, ci piacciono, vogliamo loro bene, sono importanti, ma non sono i più adatti a essere messi nel calderone delle digital Pr. Non come obiettivo primario, almeno.
Anche se...

3.4 UN NUOVO CONCETTO **DI VIP**

Che cos'è un vip? Lo sappiamo tutti. Stiamo parlando dell'acronimo di very important person, cioè "persone molto importanti".
E ho qualche perplessità di fronte alla parola "importanti".
Non voglio fare il populista. So benissimo che il presidente della Repubblica è concettualmente più importante di Rudy Bandiera, ma quello che mi piace specificare è la definizione della parola "importanza", perché se la differenza tra me e il presidente della Repubblica è chiara, non lo è altrettanto in presenza di sfumature.
Secondo il vocabolario Treccani, per "importante" si intende qualcosa "che per sé stessa o in rapporto a determinate circostanze, a determinati fini, è di gran conto o rilievo e deve essere tenuta nella dovuta e seria considerazione".
Facciamo attenzione: "in rapporto a determinate circostanze, a determinati fini, è di gran conto o rilievo".
Perché ho voluto ribadire l'ultimo concetto? Perché il valore e la valenza che attribuiamo a qualcosa di importante non sono assoluti, ma vanno misurati e tenuti in considerazione in base al contenuto,

all'ambiente, al momento particolare e a mille altre variabili che sono da valutare sul momento.

DI FATTO, NULLA È IMPORTANTE IN ASSOLUTO.

Capire come sono composte e strutturate le reti (e le persone che le formano) ci permette di scoprire il loro lato nascosto, di comprendere come mai si formano gruppi e sottogruppi e quali sono le dinamiche interne agli stessi.
L'analisi delle reti sociali (Sna – Social network analysis) ci aiuta a capire non solo i legami tra le persone, ma anche i loro comportamenti reciproci, attraverso un concetto tanto semplice quanto stupefacente nella sua portata: **ogni individuo,** che nel corso del libro chiameremo hub, nodo, snodo o attore, **si relaziona con moltissimi altri, modificandone e plasmandone il comportamento e venendo a sua volta modificato e plasmato.**
Di fatto, ciò significa che noi siamo quello che siamo in base alle relazioni che abbiamo e a come le viviamo. Approfondiremo più avanti il concetto di ambiente, ma per ora dobbiamo concentrarci sul fatto che noi non siamo come siamo, ma – in parte – siamo anche come sono gli altri.
Questo punto è a tratti sconcertante, perché ci porta a capire l'importanza delle relazioni e la deflagrante forza della "massa critica", ovvero di un numero sufficiente di persone che pensano la stessa cosa.
Se siamo abituati a vedere il mondo come un insieme di persone o di gruppi o addirittura di target, è difficile concepire una rete sociale

come la voglio spiegare in questa sede, quindi dobbiamo compiere uno sforzo d'immaginazione.
Pensiamo per un attimo alla rete come a un foglio: esiste un'infrastruttura tecnologica che supporta le relazioni, ma queste ancora non ci sono.
Poi, pian piano, questo foglio inizia a popolarsi, lo spazio si riempie di forme diverse e di diverse dimensioni (ricordiamo che parliamo di individui diversi l'uno dall'altro); e queste forme – cioè noi – diventano i cosiddetti attori o nodi.
Le persone, gli individui, le creature della Terra che vedete tutti i giorni in strada, diventano quadrati, cerchi, ellissi e rettangoli nel nostro spazio immaginifico (*figura 1*).
Benissimo, abbiamo popolato il nostro spazio sociale, qualunque esso sia, ma non ci serve a molto. Cioè, sappiamo quanti nodi ci sono, quanti attori partecipano a questa condizione, ma non sappiamo cosa fanno e soprattutto con chi lo fanno.
Quindi dobbiamo capire quale attore ha rapporti con gli altri (*figura 2*).
Adesso sappiamo chi si relaziona con chi. Ottimo, ma quello che ancora non sappiamo è *come* si relazionano gli attori. Chi parla con chi? Chi ascolta? Chi è centrale nella rete?
Abbiamo un foglio popolato di attori e sappiamo chi parla con chi, ma sappiamo anche in quale direzione fluiscono le informazioni (*figura 3*).
Quello che abbiamo davanti è un grafo sociale, cioè la rappresentazione grafica semplificata di una rete e delle sue attività.
All'interno di un grafo, gli attori si chiamano vertici o nodi, e i collegamenti tra loro possono essere archi (quando sono orientati come le frecce) oppure spigoli (quando non abbiamo una direzione).

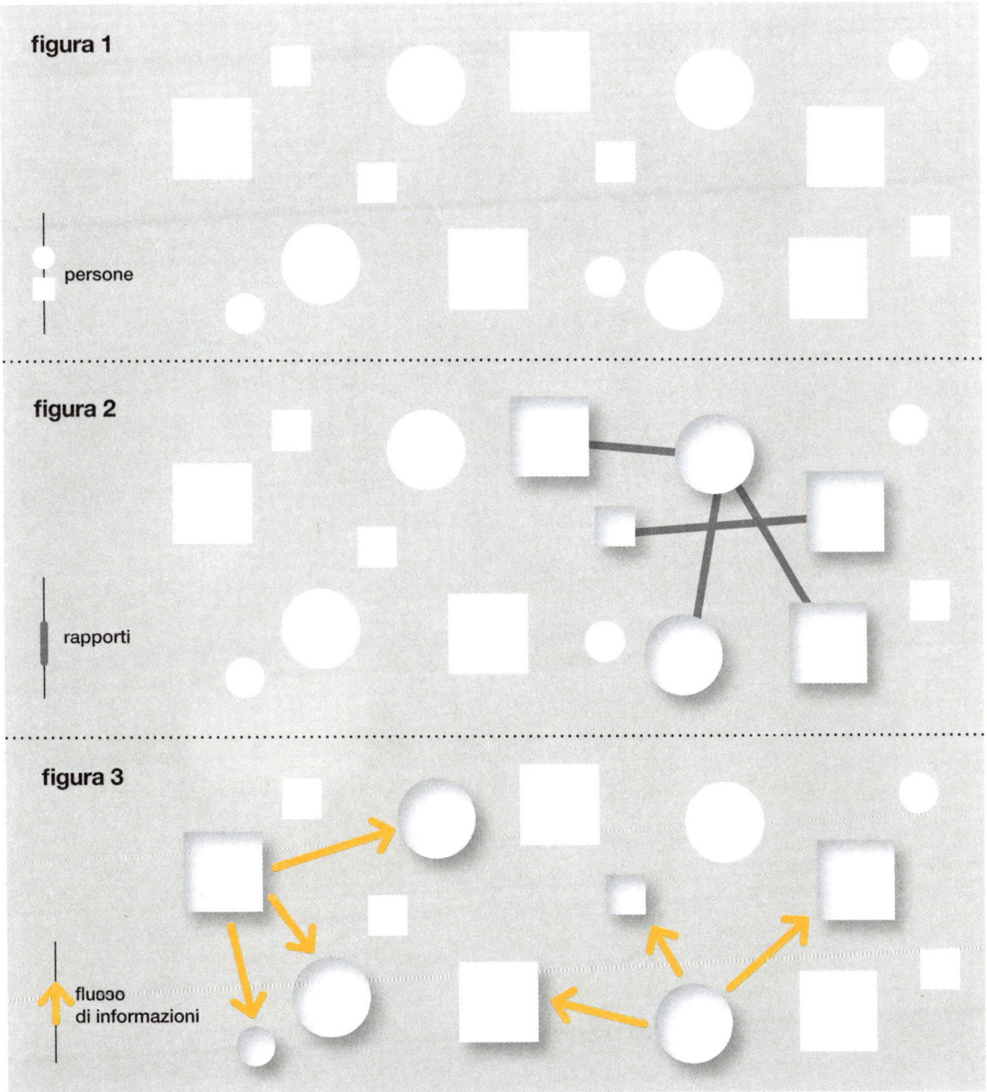
figura 1
persone
figura 2
rapporti
figura 3
flusso
di informazioni

In pratica i grafi possono essere orientati oppure no. Nel primo caso sappiamo chi vive la rete e come la vive, nel secondo caso sappiamo solo chi comunica con chi, ma non sappiamo la direzione di comunicazione. Esistono molti modi per estrapolare grafi sociali dalle varie piattaforme, ma non è semplice come creare un pdf con un biglietto del treno.
Per approfondire il discorso, compresi i software che possono essere utili alla generazione di grafi, consiglio la lettura di *Social Network Analysis* di Daniele Frongia, che in alcuni passaggi brevi ma approfonditi spiega nel dettaglio il mondo della Sna.
Per quello che mi riguarda non amo parlare di software per un motivo molto semplice: nel momento stesso in cui scrivi di un programma, ciò che esponi è già vecchio, quindi preferisco fornire le modalità per trovare le strade con le proprie forze, piuttosto che spiegare come fare una cosa.
A cosa ci serve avere dei grafi orientati se non possiamo dare una valutazione del senso della cosa? Cosa possiamo dedurre dalla lettura di questi eventuali grafi senza dei parametri per misurarli?
Nulla, ma io sono qui per questo.
Se non sei il responsabile Pr di qualche enorme azienda che lavora in tutto il mondo, **forse stai pensando che il discorso della Sna ti potrebbe servire solo per un esame universitario, ma ti sbagli,** perché potrebbe venirti buono nella vita di tutti i giorni (la vita digitale, ovvio).
Le connessioni, infatti, sono contraddistinte da una direzione, e i rapporti, le relazioni e i nodi possiedono una qualità.
Se tutte le freccette viste nei grafici precedenti vanno verso un solo nodo, allora si dice che questo ha un alto indice indegree, cioè legami in entrata; mentre, viceversa, se le frecce vanno da un solo nodo verso molti altri si dice alto indice outdegree, con molti legami in uscita.

Da adesso in poi, chiameremo questi potenti accentratori o divulgatori snodi, oppure hub o, ancora, opinion leader.
Un nodo diventa uno snodo quando ha un alto indice di relazioni e una reputazione che lo sostiene, dove per reputazione indichiamo l'importanza che, in un dato contesto o luogo o momento, questa persona ha di persuaderne altre.
Uno snodo è una persona alla quale diamo importanza.
A mio modo di vedere esistono quattro tipi di "neo vip".
Alcuni li abbiamo sempre riconosciuti e altri invece fanno la loro comparsa adesso. Sono i seguenti:

Influencer

Popolare ma non troppo. Verticale nei contenuti (parla in particolare di una cosa), è presente online nelle forme più disparate anche se spesso (non sempre) è un blogger.

Vip

Sappiamo tutti di cosa parliamo. È quello che per esempio passa in tv e fa grandi numeri. Ma non solo in tv, ormai: Favij, ad esempio, ha ventun anni e oltre due milioni e mezzo di iscritti al suo canale YouTube. Quando pubblica un video, passa spesso i tre milioni di views e raggiunge a volte gli undici milioni. Vespa, in prima serata su Rai 1 con *Porta a Porta*, se li sognerebbe.

Divo

È in genere il cantante o l'attore. Che so, Clooney è più di un vip, è un divo. Lo è perché raggiunge folle oceaniche, lo conoscono tutti in tutto il pianeta e ha un sapore internazionale. Il divo è contraddistinto da assoluta irraggiungibilità: provate a scrivere a De Niro a vedete se risponde.

Anche Bill Gates, per dire, è un divo.

Icona

Sono molto più dei divi, sono la loro sublimazione. Marilyn Monroe era un'attrice, ma è molto più di una diva, è un'icona. Era una diva in vita. Jobs per esempio è un'icona, così come Guevara. Sono tutti contraddistinti da una cosa purtroppo inevitabile... la morte.

Solo Jobs, forse, è diventato un'icona ancora prima di morire, ma la consacrazione totale a icona la dà la morte e quindi, se state leggendo queste righe, non siete un'icona e sperate di diventarla il più tardi possibile.

Ovviamente noi non parleremo di icone e divi, in questo libro non ne abbiamo la necessità. Invece: chi sono e che cosa fanno questi opinion leader e questi influencer?

3.5 LA FORMULA **DELLA CREDIBILITÀ**

Come mai esistono persone più influenti di altre? Cosa le rende tali? Tutti gli snodi sono contraddistinti da una caratteristica comune: la credibilità, cioè la caratteristica di "venire creduti", dati per veri.

Ma perché le persone si dovrebbero fidare di altre persone rendendole di fatto credibili ai loro occhi?

La formula della credibilità potrebbe essere sintetizzata in breve in questo modo:

competenza + affidabilità + costanza

Per competenza si intende il grado di approfondimento che si ha in un determinato campo, il che vuol dire essere idonei a trattare, giudicare o addirittura risolvere determinati problemi in ambiti specifici, gli ambiti di competenza, appunto. Attenzione: la competenza non deve per forza essere "assoluta". Se non so nulla di biologia molecolare, non andrò a comprare un libro di un Nobel (conoscenza assoluta), perché sono certo che non capirei nulla. Quello che farò è andare da qualcuno che è più informato più di me (competenza relativa) e che è in grado di spiegarmi le cose a un livello ragionevolmente comprensibile.

L'affidabilità è la sostanza, il peso che viene dato alla competenza, e in genere la valutiamo in base ai feedback.

Se scrivo una cosa in riferimento alla soffiatura del vetro, anzi no, alle squadre di calcio, cosa della quale non so nulla, le persone che ne sanno più di me argomentano fino a distruggere le mie tesi. Se invece la mia competenza è tale da mantenermi vivo nell'arena della discussione, allora sono affidabile.

La costanza è la quantità di contenuto nel tempo.

Se scrivo una cosa sola, perfetta e incisiva ma non riuscirò mai più a ripetermi, stiamo parlando di botta di culo, non di competenza.
Il colpo di fortuna non è contemplato nella formula della credibilità, perché se non dimostro, ogni giorno e nel tempo, di essere credibile, allora non lo sono, e quindi non sarò affidabile.

La credibilità è il solo valore assoluto che possediamo.

Non possiamo permetterci di perderla, perché per costruirla occorrono molto tempo, molto impegno, molta fatica, molta dedizione, molta costanza e molto studio.
Costruirla è complesso e richiede tempo, mentre ci vuole un attimo per distruggerla.
Quindi ricordiamoci che è l'unico e solo valore assoluto. Se siamo credibili, come persone e come azienda, siamo pronti a ogni sfida.

Facciamo un esempio pratico: ammettiamo che la compagnia telefonica XY mi dia un telefono da provare e da recensire, e ammettiamo poi che mi dica che, qualunque cosa io scriva, il telefono sarà comunque mio.
Quello che devo fare è provarlo, certo, ma se poi non va bene?
Devo dire la verità, o perlomeno la mia verità, perdendo l'appoggio dell'importante XY ma mantenendo un livello di onestà con le persone che mi leggono e con le quali ho un rapporto di fiducia? Oppure devo dire una bugia, indorandomi i potenti, ma falsificando il mio pensiero e, in pratica, mentendo ai miei lettori?
Se scrivo che è un ottimo device e qualcuno comprandolo si troverà male, la colpa sarà mia, minerò quindi la mia stessa parola e la fiducia nei miei confronti.
Questa è la credibilità, cioè la fiducia che gli altri hanno nei nostri confronti. È una cosa che si crea con il tempo, con gli anni, e che va a definire la nostra reputazione.

3.6 IL **PASSAPAROLA**

Il passaparola è un'attività antica come il mondo. Si tratta, in breve, della diffusione, attraverso la rete di persone che compongono la nostra società, di informazioni che diventano consigli, nel momento in cui ci vengono forniti da qualcuno che conosciamo e di cui ci fidiamo.
Allora, in base al principio secondo cui noi traiamo le informazioni dai giornali e dalla tv, anche queste sono diffusione delle informazioni, e quindi passaparola? No, perché non sono consigli.

Il punto è che noi ci fidiamo dei consigli personali.
Noi ci fidiamo degli altri, non dei messaggi pubblicitari. Pare che circa i due terzi del commercio, inteso come acquisti e vendite, negli Stati Uniti, siano influenzati da consigli personali.

QUINDI ABBIATE RISPETTO PER IL PASSAPAROLA, QUANDO LO INCONTRATE, PERCHÉ È IL PIÙ POTENTE VEICOLO DI MARKETING IN ASSOLUTO.

Quando il passaparola è studiato a tavolino e strategicamente preparato, diviene buzz marketing, ovvero quell'insieme di attività finalizzate ad aumentare le discussioni, il dialogo e il "brusio" rispetto a un determinato prodotto o servizio in modo da aumentarne la "conoscenza di marca" (awareness) e di conseguenza, in una fase successiva, la reputazione.
Quindi dove sta la differenza sostanziale tra passaparola e buzz marketing? Prima di tutto, il passaparola nasce per caso, non sappiamo dove, come e perché, e non conosciamo nemmeno la sua "qualità", se sarà positivo o negativo.
Il buzz marketing invece è un'operazione di marketing studiata per essere direzionabile, direzionata e misurata.
Qualche anno fa Ceres disse che avrebbe prodotto una birra al lampone, con pochissimi gradi alcolici, e che l'avrebbe venduta in una bottiglia rosa.

Quando lo raccontò, suffragò l'affermazione con un sito dedicato, dei video e moltissima Adv sui social, in modo da fare parlare il maggior numero di persone possibile di questa cosa, per poi arrivare al primo di aprile dicendo che era tutto uno scherzo. Così facendo ottene due risultati: il rafforzamento di un'identità (quella di birra forte e non fruttata) e una awareness (conoscenza di marca) pazzesca con una spesa relativamente contenuta.
È importante non farsi sfuggire la cosa di mano e non rischiare che il parlare molto di qualcosa diventi il parlare male di qualcosa: il buzz è un'operazione complessa e non deve essere condotta in modo superficiale.

3.7 NOI NON COMPRIAMO UN PRODOTTO, **MA UN MODO DI ESSERE**

Prima di proseguire e passare a spiegare i motori sociali, quindi le leve grazie alle quali le persone condividono e discutono e litigano e si amano anche in rete, dobbiamo fare una breve precisazione, o una digressione. Cosa vuol dire che noi non compriamo un prodotto ma compriamo un modo di essere?
Che ci piaccia o no, che ne siamo consapevoli o meno, che lo si trovi etico o immorale, giusto o consono al nostro status di esseri umani, noi comunichiamo sempre. Sempre.
Comunichiamo quando ci vestiamo la mattina con quello che scegliamo, comunichiamo quando parliamo, quando stiamo zitti, quando ordiniamo al ristorante.
Comunichiamo quando decidiamo di comprare una casa anziché

un'altra, un mouse invece di un altro. Noi comunichiamo sempre e lo facciamo, anche, per definire un nostro posto nella società di cui facciamo parte.
Quando compriamo un telefono, stiamo comunicando. Non stiamo "scegliendo e basta", ma stiamo dicendo agli altri: "Ehi, guarda! Io sono così!".
Quando comprate un iPhone, non acquistate solo un telefono, ma le ispirazioni metafisiche di Jobs; comprate un pezzo della sua visione della tecnologia; comprate la sua creatività e vi identificate con essa.
Quando comprate un dispositivo Apple comprate un pezzo di Steve Jobs.
Ora, pensate davvero che i telefoni Samsung di ultima generazione e di fascia alta siano inferiori ai device Apple? Vengono prodotti nelle stesse fabbriche!
Ma, e qui sta la domanda trabocchetto, avete presente chi è il fondatore di Samsung o il suo amministratore delegato?
Chi è lo Steve Jobs di Samsung? Non lo sapete; nemmeno io.
È proprio questo il punto.
La riconoscibilità della Mela è straordinariamente penetrante, trasversale e potente, perché legata al suo fondatore il quale, in ottica di comunicazione, è stato un genio. Jobs non ha mai venduto computer, ma ha sempre venduto "il perché" faceva computer. Diceva di pensare in maniera diversa, non "compra il mio computer perché ha il processore più veloce".
Come dice Simon Sinek nella sua Teoria del cerchio d'oro, la gente non compra quello che fate, ma il motivo per cui lo fate.

4 I TRE MOTORI SOCIALI

Siamo arrivati a un punto piuttosto importante. Dopo aver visto come sono fatti gli abitanti della rete, da una prospettiva approfondita e, in parte, scientifica, cerchiamo di capire quali sono le leve che fanno muovere queste persone.

Non è banale tentare di rispondere alla domanda: "Perché usiamo i social?".

Sostanzialmente lo facciamo tutti per tre motivi che io chiamo Le tre c:

PER COOPERARE, PER CONDIVIDERE E PER COMUNICARE.

Noi siamo dipendenti dagli altri come gli altri lo sono da noi.

4.1 COOPERAZIONE

La cooperazione è il processo di gruppi o singoli che agiscono per il mutuo beneficio di tutti.

Avviene anche in natura: il fine ultimo è il miglioramento delle condizioni degli attori che prendono parte all'azione.

Perché lo facciamo? Perché cooperiamo in modo fisiologico con la comunità che ci circonda? Semplice, perché speriamo (siamo propensi a "ipotizzarlo", più che a sperarlo) che gli altri facciano la stessa cosa.

Non ci credete, mi sa. Vi faccio un esempio. Andate in un albergo e vi trovate malissimo: perché fate la recensione negativa su Booking e TripAdvisor?
Perché siete incazzati, frustrati e perché vi volete sfogare e punire le persone che vi hanno fatto stare male.
Ma la cosa davvero interessante è che fate la recensione anche se state bene, quindi anche se non siete arrabbiati o non vi dovete sfogare.
Lo fate semplicemente supponendo (in modo inconscio) che anche gli altri facciano come voi, per evitare a tutti di incappare in strutture che provocano malessere, costringendovi a fare recensioni negative. Lo fate per innalzare il livello delle strutture stesse e del benessere degli altri, cooperando con individui che non conoscete ma che si comporteranno come voi, pur non essendo guidati da strutture gerarchiche o da premi diretti, come soldi o doni.
Non fate la recensione perché vi pagano.
La fate per cooperare in un progetto più ampio e del quale non sapete nemmeno di fare parte, tanto è intrinseco a ognuno di noi.
La cooperazione è talmente radicata che la mettiamo in atto senza pensarci minimanete, è una forma complessa di negoziazione con il prossimo: quando siamo in coda alle Poste, per esempio, non lo facciamo solo perché c'è una regola, ma perché sappiamo che anche gli altri si metteranno in coda, altrimenti si genererebbe il caos.
La cooperazione è una forma di negoziazione inconscia, collettiva e innata.

4.2 CONDIVISIONE

La condivisione, invece, è l'utilizzo in comune di una risorsa, e a volte viene interpretata anche come libero uso di un bene.
L'utilizzo in comune di un bene, concetto bellissimo.
Mi piace ripetere che nessuno ha bisogno di *avere* un'auto, ma tutti noi abbiamo bisogno di *utilizzare* un'auto.
Non è il possesso in sé che ci dovrebbe interessare (lasciamo perdere il concetto di status symbol, per ora) ma l'uso della risorsa.
Ecco perché nascono nuovi modelli di business basati sulla condivisione come Airbnb o BlaBlaCar.
Perché se hai un bene materiale che sta "fermo", sai che ci perdi; e se non possiedi un bene sai che risparmi, se usi quello di un altro.
La condivisione funziona quando è arricchimento (simbiotico) per tutti i membri di una comunità.

4.3 COMUNICAZIONE

La comunicazione infine è quell'insieme di fenomeni che comportano la distribuzione di informazioni.
È, in pratica, uno scambio di stimoli e risposte finalizzate.
Finalizzate, ripeto.
Su questo punto ci torneremo, ma non si comunica e basta, si comunica con un fine, con un motivo che può essere dei più disparati.
Perché due persone che non si vedono da tempo, se si incontrano

per strada in modo del tutto casuale, se non si stanno proprio sulle balle, si fermano a scambiare quattro chiacchiere?
Per educazione, direte voi, e questo è certamente vero nella misura in cui l'educazione è un retaggio culturale come ogni cosa che governa le nostre azioni. In questo caso è anche un retaggio finalizzato al recupero di informazioni.
Si comunica per dare o ricevere informazioni, con qualsiasi finalità: curiosità, fare i marpioni, capire che fine ha fatto quella persona o sapere se la suocera insopportabile è passata a miglior vita.
O ancora, per capire se esiste spazio per vendere i nostri prodotti, oppure perché quella persone ci fa ridere e abbiamo voglia di divertirci.
È di fondamentale importanza capire che non comunichiamo solo per una banale questione di educazione, ma in virtù di un retaggio culturale legato allo scambio delle informazioni, a sua volta finalizzato alla sopravvivenza.
Siamo nati, fatti, impastati e costruiti sulla comunicazione.

PER GLI ESSERI UMANI COOPERARE, CONDIVIDERE E COMUNICARE È NATURALE COME RESPIRARE, MANGIARE E BERE.

4.4 INTERAZIONE **SOCIALE**

A seguito dei tre motori sociali dobbiamo arrivare a un punto comune che possiamo definire il frutto dei tre motori di cui ho appena parlato.
Questo frutto altro non è che l'interazione sociale, e cioè quello che ci spinge a rapportarci con agli altri e ci dà una motivazione per farlo.
Ma questa interazione com'è costruita? Cosa significa interagire? Se vado dal benzinaio e faccio il pieno, sto interagendo con lui, o almeno lo faccio quando pago alla cassa, ma la posso definire interazione sociale? Forse sì, ma non di certo nell'ottica in cui intendiamo un'interazione sociale ad ampio spettro. Diciamo che in questo momento non è quello che ci interessa, perché la consideriamo un'interazione effimera o di basso livello.
Allora quando possiamo dire che esiste una forma di interazione sociale vera e propria?
Quando ci rapportiamo con gli altri e il contenuto da noi prodotto, siano foto delle vacanze o libri di scienze, diventa conversazione, e in questa conversazione nascono l'interazione sociale e le sue discriminanti. Vediamole una per una.

Durata

La durata delle nostre interazioni è un punto importantissimo per definire le stesse. Non posso certo dire di avere a che fare con qualcuno, se l'interazione si è verificata una volta sola tre anni fa (l'esempio del benzinaio di cui sopra).

Intensità

Quanto e cosa ci scriviamo/diciamo?

Ripetitività

Un'azione viene ripetuta se esistono dei motivi per farlo.
Così, allo stesso modo, le relazioni vengono ripetute, anche uguali a loro stesse, se vengono toccate delle leve importanti.
Quella con il benzinaio diventa un'interazione sociale se andiamo sempre da lui e iniziamo a conoscerci.
La relazione sociale di tipo cooperativo ha un cardine che si pone in cima alla piramide dell'importanza dei fattori da cui è composta: non esistono sovrastrutture gerarchiche.
Le persone online non interagiscono perché devono, non cooperano perché qualcuno le obbliga e non si interfacciano perché viene ordinato loro di farlo e, allo stesso modo, non lo fanno a condizioni diverse dalle persone con cui discutono.
Va da sé che è importantissimo capire, quindi, quali sono le dinamiche che spingono le persone non solo a comunicare e collaborare, ma a fidarsi degli altri. Perché, se è vero che non esistono sovrastrutture gerarchiche precostituite, è anche vero che tutti noi ci diamo delle regole di comportamento e prendiamo delle direzioni di scelta.
Perché?

4.5 QUALI SONO I MOTIVI PER CUI **LE PERSONE USANO I SOCIAL?**

La domanda di questo paragrafo è un mio grande must: la pongo durante tutti i miei seminari e tutte le mie lezioni.
Le risposte che mi vengono date sono, in genere, tra le più disparate e tutte, ripeto tutte, corrette.
Le persone stanno sui social per mostrarsi, per annientare le proprie frustrazioni, per trovare il fidanzato, per tradire la moglie, per controllare i figli, per vedere cosa fa il vicino di casa o il collega di scrivania, per trovare i risultati sportivi, per capire cosa sono le scie chimiche, per difendere i gattini dall'estinzione.
In una parola, le persone stanno sui social per cazzeggiare.
Ognuno declina il cazzeggio a modo suo e ognuno lo interpreta nel proprio stile.
Ma quello che sappiamo per certo è che, non essendoci vincoli, sovrastrutture o norme definite, le persone cazzeggiano.
Ora, sappiamo benissimo che il cazzeggio è un'attività che ha anche una componente passiva, nel senso che quello che abbiamo descritto è in gran parte controllare e leggere ciò che fanno gli altri, ma la verità è che la nostra vita online è anche decisamente attiva, nel senso che facciamo moltissime cose, e visto che in un libro non possiamo archiviare le attività sui social come cazzeggio e basta, dobbiamo capirne di più, quindi ci facciamo aiutare dall'economista George Homans, il quale ha elaborato una teoria "dello scambio".
Homans definisce quattro regole in base alle quali le persone

agiscono (quindi, anche, cazzeggiano) dopo avere individuato e soppesato costi e benefici delle azioni (o reazioni) che stanno per compiere. Non per niente Homans era un economista: curioso pensare a quanto le persone abbiano una livella così precisa, un metro e una bilancia così puntuali su tutto, da poter essere individuati e schematizzati proprio da un economista.
I principi della teoria sono non solo interessanti, ma addirittura, a mio avviso, illuminanti. Vediamoli.

1. Quanto più spesso un comportamento è ricompensato, tanto più è probabile che venga ripetuto.
Banale, penserà qualcuno. Forse, ma noi siamo qui per capire quali siano le dinamiche e mettere etichette sugli atteggiamenti umani, perché questa conoscenza ci porterà a preparare delle strategie e delle azioni che possono avere successo, oltre a essere di senso compiuto.
Quindi, dicevamo, le persone amano le ricompense e, dopo avere riflettuto su un'azione, si pensa sempre se la stessa verrà ricompensata, direttamente o indirettamente.

2. Se nel passato alcuni aspetti dell'ambiente sono stati collegati a un comportamento ricompensato, è probabile che venga ricercato quell'ambiente particolare o analogo.
Se stai bene in un luogo, ricercherai quel luogo o tenterai di non lasciarlo o addirittura di ricostruirlo, di ricrearlo uguale o simile. Scatenare le endorfine nel cervello delle persone è come mettere la benzina nella macchina da corsa.

3. Quanto più è preziosa la ricompensa per un dato comportamento, tanto più è probabile che venga ripetuto.

Cerchiamo tutti quanti una cosa sola, in definitiva, ed è la felicità. Spesso pensiamo che la felicità sia nel valore delle cose o, addirittura, ognuno di noi decreta un valore diverso in base a chi è, quello che fa, quello che sa e cosa gli serve al momento. Il valore delle cose varia da persona a persona, a prescindere dal soggetto del valore, ma quello che non cambia mai è il fatto che noi lo cerchiamo di continuo; e tanto più diamo valore, tanto più cercheremo di ripetere il comportamento premiante.

4. Quanto più spesso le esigenze o i desideri vengono soddisfatti, tanto meno si dà valore a ogni ulteriore ricompensa.

Ecco, se fino ad adesso i nostri punti erano chiari a tutti, palesi e quasi banali, l'ultimo è in apparente contrapposizione con quelli precedenti. Al punto numero tre si diceva che più è preziosa una ricompensa più sarà probabile che venga ripetuto il comportamento che l'ha procurata, ma subito dopo si dice che se i desideri vengono appagati spesso e con valore, il valore stesso perde significato.

MA ALLORA, COSA CERCHIAMO? CERCHIAMO APPAGAMENTO E FELICITÀ, MA SE QUESTI VENGONO DA SORGENTI ESTERNE TENDIAMO AD ASSUEFARCI, COME A OGNI COSA NELLA VITA.

È un sistema di tutela naturale che il nostro cervello mette in moto per poter cercare sempre stimoli e obiettivi da raggiungere.
È naturale, fisiologico e giusto.
Oltre a tutta la parte legata ai "costi e benefici" che abbiamo appena analizzato, che è conscia, esiste una parte che è intrinseca al nostro cervello, inconscia, e che si cela in una zona antica come la nostra comparsa sulla Terra. Viene perfettamente rappresentata dalla Piramide dei bisogni di Maslow (*figura 4*), ovvero la gerarchia dei bisogni e delle necessità teorizzata dallo psicologo statunitense Abraham Maslow.

figura 4 - Piramide dei bisogni di Maslow (1954)

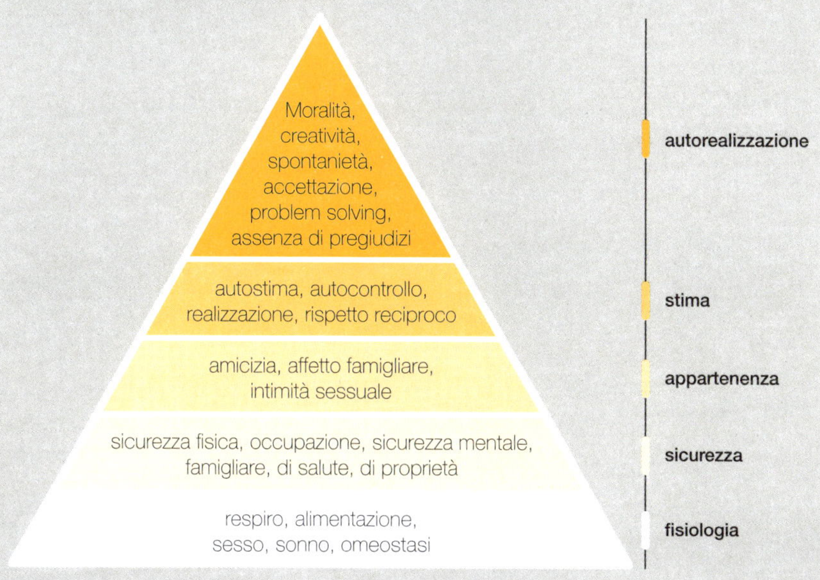

La piramide è suddivisa, dal basso verso l'alto, in:
bisogni fisiologici;
bisogni di salvezza, sicurezza e protezione;
bisogni di appartenenza;
bisogni di stima, di prestigio, di successo;
bisogni di realizzazione di sé.
A parte la base della piramide, prettamente fisiologica e che non riguarda il mondo della condivisione delle digital Pr, nelle altre sezioni della figura geometrica troveremo leve che vanno al di là delle regole di Homans e che sono veri e propri bisogni intrinsechi all'uomo, bisogni che emergono vividamente in ottica comunicativa.

Sicurezza

Usiamo i social, perché il confronto con gli altri ci rassicura, ci fa sentire meno soli, ci permette di conoscere persone e di creare legami.

Appartenenza

I social, la condivisione e il mondo del web ci permettono di appartenere a qualcosa.
Non che prima non fossimo parte di nulla, per carità, ma i social, come amplificatore sociale, appunto, tendono ad allargare la possibilità di amicizie, affetto, amore, prestigio, realizzazione.

Stima

Chi non cerca la stima e il riconoscimento sociale?
Tutti noi non viviamo, l'abbiamo già detto mille volte, solo per

mangiare e bere, ma per comunicare e per inseguire la gioia e ancora di più la felicità, la quale, è evidente, non può esistere senza passare per la stima e per gli altri.

Autorealizzazione

In cima alla piramide c'è la cosa più importante, che prescinde da tutto quanto: la realizzazione rende felici e quindi noi ci confrontiamo, ci uniamo in una famiglia, lavoriamo, ci riproduciamo, ci battiamo e viviamo, in sostanza, solo ed esclusivamente per realizzarci.

Ogni volta che compiamo un'azione sui social siamo spinti da una delle regole di Homans e tendiamo verso una delle quattro zone superiori della Piramide dei bisogni di Maslow.

5 COME SONO FATTE LE NOSTRE RELAZIONI?

5.1 Quante persone crediamo di poter conoscere?

5.2 I legami forti, deboli e temporanei

Okay, abbiamo capito perché le persone interagiscono e si relazionano. Quello che non abbiamo ancora capito e di cui non abbiamo parlato è come sono fatte queste relazioni, come le possiamo riconoscere, catalogare e definire.
Prima di tutto, che cosa sono le relazioni sociali, che sono strettamente correlate alle interazioni sociali di cui abbiamo parlato?
Allora, quelle che vengono più propriamente chiamate relazioni interpersonali sono i rapporti tra individui all'interno della società e sono parte integrante della vita di tutti i giorni.
Quando le interazioni sociali diventano stabili, intense e durature si trasformano in relazioni sociali e possono essere di tipi e profondità diversi (lo vedremo), come per esempio il rapporto tra i genitori, i figli e i nipoti, quello tra colleghi di lavoro, tra amici o tra moglie e marito, o in ogni caso coppie percorse dal fremito dell'amore.
Queste relazioni sono diverse, e diverso deve essere il nostro modo di approcciarle, visto che l'unica costante in ognuno di questi rapporti è che sono legami in cui i pensieri, le azioni o i sentimenti si influenzano a vicenda tra i vari attori.
Di fatto, la relazione è interscambio e influenza che può andare maggiormente in una direzione o in un'altra e che, in misure e modi diversi, crea interdipendenza (che non è dipendenza, eh).

5.1 QUANTE PERSONE CREDIAMO **DI POTER CONOSCERE?**

Prima di rispondere a questa domanda, vi prego, facciamocene un'altra. Che cosa vuol dire conoscere?
Se due persone si danno la mano una volta e parlano cinque secondi possono dire di conoscersi? Certo, possiamo dire "ho conosciuto Tizio", ma sappiamo bene che per conoscenza si intende altro.
Possiamo dire di conoscere qualcuno quando il rapporto viene autoregolato dalle normali pressioni/norme sociali senza il bisogno di "ingerenze" o forze esterne. In altre parole, quando, per non incrinare un rapporto, evitiamo di fare qualcosa di brutto senza che esistano delle regole esterne come leggi, polizia, norme dello Stato o liturgie.
Bene, la cosa stupefacente è che il numero di persone che conosciamo, con cui tecnicamente abbiamo delle relazioni sociali stabili, è conosciuto e sempre uguale dalla preistoria a oggi, e questo numero è centocinquanta.
Centocinquanta relazioni sociali stabili o "conoscenze", appunto, è quello che viene definito Numero di Dunbar in onore dell'antropologo britannico che ha dato il nome alla teoria secondo la quale, per semplificare, il numero delle persone che riusciamo a ricordare con relativa precisione, di cui possiamo riconoscere le caratteristiche di forza o debolezza, di gentilezza o arroganza è centocinquanta (circa... è un numero medio e relativo, ovviamente).
La dimensione dei villaggi neolitici era di circa centocinquanta persone, quindi non siamo cambiati molto.

figura 5 - Motivazione: Teoria del cervello sociale

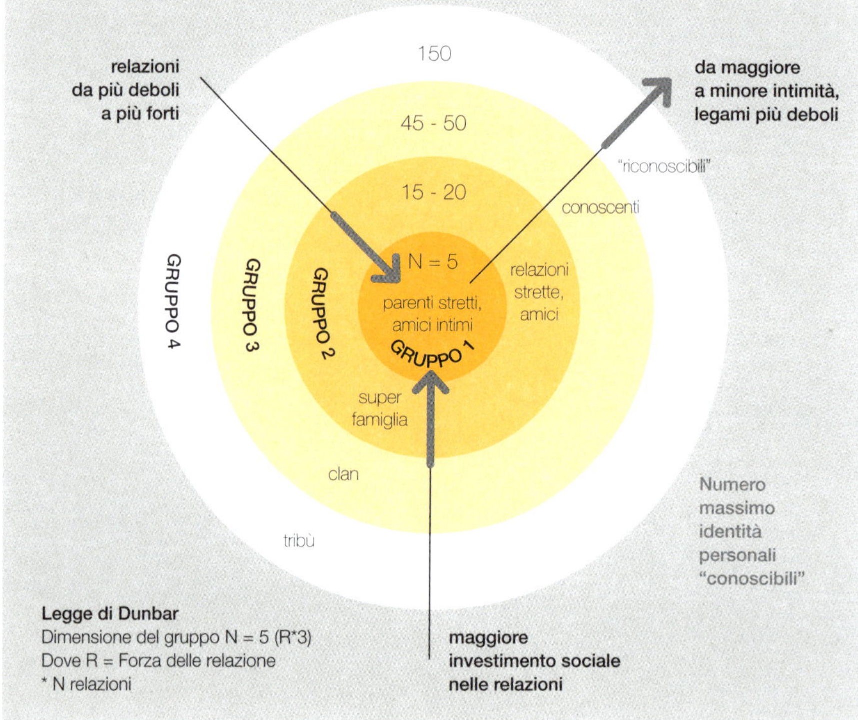

In queste centocinquanta persone vengono individuati diversi gruppi concentrici di individui, come vedete nella *figura 5*. Ovviamente non conosciamo bene nostro cugino di secondo grado quanto il nostro migliore amico, sempre che nostro cugino di secondo grado non sia anche il nostro migliore amico. Ogni gruppo, dal secondo in poi, comprende quello precedente.

Gruppo 1
Cinque persone circa. Individui con cui abbiamo rapporti quotidiani come ad esempio i famigliari con cui viviamo o gli amici più stretti (non sempre ci sono, a questo livello).

Gruppo 2
Quindici persone circa. I rapporti, per esempio, sono settimanali e meno stretti rispetto ai famigliari, come gli amici con cui vi trovate il venerdì per un aperitivo, i membri della famiglia non conviventi o i parenti meno vicini.

Gruppo 3
Cinquanta persone circa. Individui con cui avete rapporti ma più diradati, per esempio a cadenza mensile: quelli con cui andate fuori a mangiare una pizza ogni tanto.

Gruppo 4
Centocinquanta persone circa. Persone con le quali avete rapporti saltuari, vi vedete poco ma in modo costante: per esempio gli ex compagni di scuola con cui a Natale fate ancora la cena, tutti gli anni.

Questo numero è importantissimo per definire le nostre comunità e per farci capire la sfera di influenza "naturale" che ognuno di noi ha nella propria vita. Serve anche a farci capire una cosa di importanza non secondaria, e cioè che **Facebook ci ha rubato la parola "amici".**
Nella vita reale il termine "amico" ha un valore straordinario, evocativo

e potente: l'amicizia è un vivo e scambievole affetto fra due o più persone, ispirato in genere da affinità di sentimenti e da reciproca stima. Amicizia profonda, pura, disinteressata.
Il disguido sta nella parola, nella definizione, perché è ovvio che non possiamo avere rapporti di amicizia, vera amicizia, con cinquemila persone, e lo è ancora di più adesso alla luce del Numero di Dunbar. Così com'è altrettanto ovvio che, in ottica di digital Pr, esiste un nucleo di individui la cui influenza va ben oltre quella di tutti gli altri.
La sola verità è che **la parola "amici" ha un valore che sta completamente al di fuori dei social, e se ci sta dentro deve essere corroborato da qualcosa che accade o è accaduto fuori, nella vita reale,** la classica stretta di mano.
Quello che vedremo è che, da un punto di vista di digital Pr, i nostri centocinquanta amici potrebbero interessarci meno di quelli che stanno al di fuori di questa cerchia.

5.2 I LEGAMI **FORTI, DEBOLI E TEMPORANEI**

Secondo la teoria di Mark Granovetter, un sociologo che negli anni settanta pubblicò due articoli in cui spiegava le modalità con cui le persone cercano lavoro, esistono tre tipi di legami possibili, dei quali solo due hanno un senso.

Legami forti
Gli amici più cari, i famigliari, i colleghi di lavoro molto vicini. Caratterizzati da incontri frequenti e regolari.

Legami deboli
Conoscenti e persone che incontriamo occasionalmente. A questa categoria appartengono anche follower, una buona parte dei collegamenti di Facebook e delle altre reti sociali. Con queste persone, anche se le riconosciamo per quello che fanno, non abbiamo rapporti frequenti e ravvicinati.

Legami assenti o temporanei
Ad esempio la bigliettaia del cinema o il negoziante.

Nel cercare lavoro oppure clienti per la nostra attività e altri tipi di partnership, i legami deboli si sono dimostrati più utili, perché, mentre quelli forti sono più vicini a noi e maggiormente ben disposti a fornirci un aiuto emotivo, in verità sono parte della nostra cerchia, in cui spesso i collegamenti sono gli stessi, quindi poco utili a indicarci un collegamento che non abbiamo già considerato.
I legami deboli non ci danno il supporto emotivo, ma possono ampliare la nostra rete e collegarci con numerose persone fuori dal nostro giro, in modo da farci avere maggiori occasioni. Quando una persona perde il lavoro, per prima cosa pensa a cercare soluzioni con l'aiuto dei suoi legami forti che, essendo nella stessa cerchia di amicizie, non riusciranno a indicare una strada alternativa a quella che ha già valutato da solo.
I legami deboli sono maggiormente utili, perché vivendo in luoghi diversi dal vostro, sono in diretto contatto con cerchie a voi sconosciute, amplificando moltissimo la possibilità di esservi utili, se lo vorranno. Per ottenere aiuto da questi conoscenti, dovete metterli in condizione di

percepire il vostro valore. Grazie all'aiuto delle reti sociali in cui inserirete contenuti di valore provenienti dal vostro blog, sapranno di voi che siete un ottimo professionista e, nel caso aveste bisogno, potrebbero indicarvi l'occasione giusta.
Tendiamo tutti a circondarci di amicizie fidate e siamo poco propensi a collegarci con persone che non conosciamo, atteggiamento che ha senso in un'ottica di rafforzamento dei legami forti, ma che ne ha molto meno nel caso di ricerca di lavoro o di clienti. Secondo Granovetter la società è strutturata in cluster altamente connessi, ovvero cerchie ristrette di amici nelle quali tutti conoscono tutti.
Secondo Duncan Watts e Steven Strogatz, ricercatori della Cornell University di New York, tutte le persone sono separate dalle altre da un numero limitato di relazioni. Questa tesi è stata ripresa da quella teorizzata per la prima volta nel 1929 dallo scrittore ungherese Frigyes Karinthy.

È STATO DIMOSTRATO EMPIRICAMENTE CHE CHIUNQUE DI NOI PUÒ ARRIVARE A CHIUNQUE ALTRO ATTRAVERSO UN MASSIMO DI CINQUE/SETTE PASSAGGI.

In pratica voi potrete collegarvi a Obama o al Dalai Lama attraverso l'intermediazione massima di sei persone.

figura 6

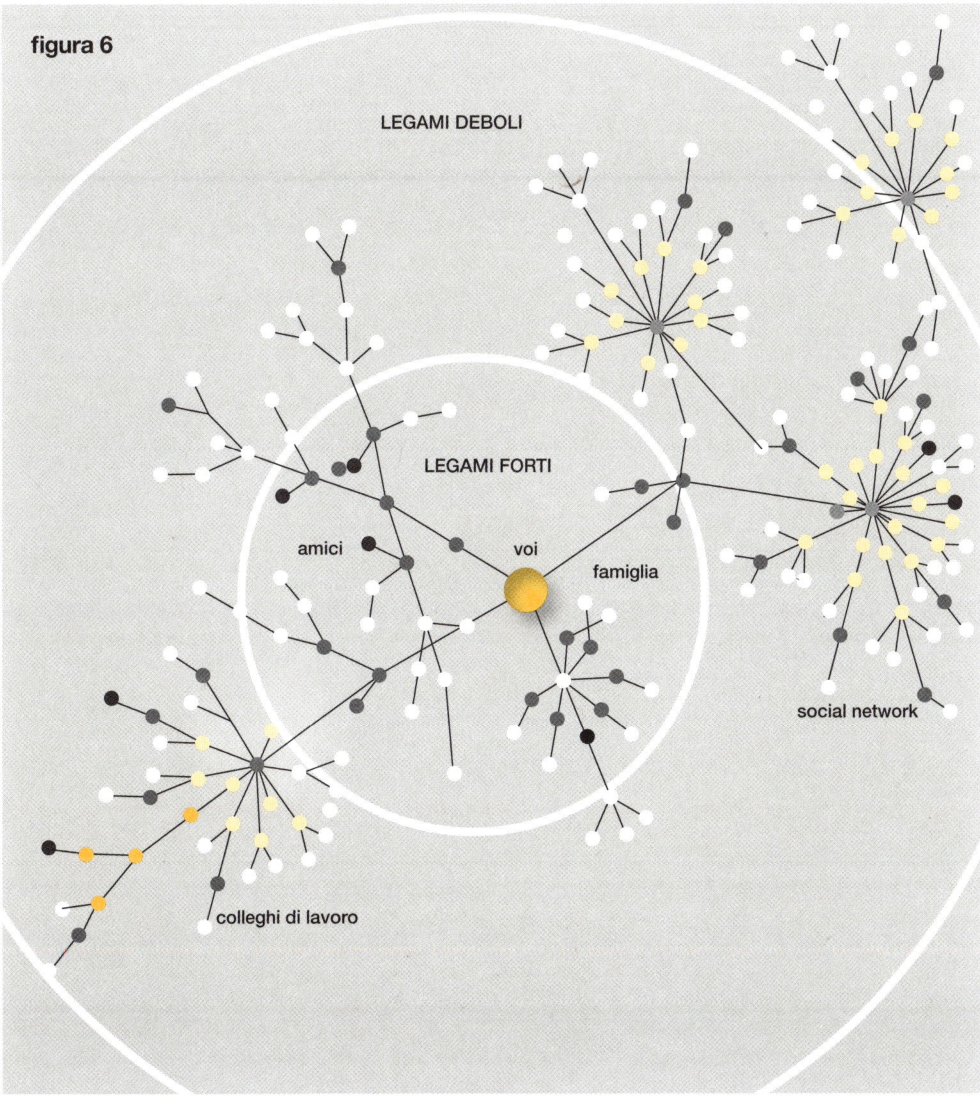
LEGAMI DEBOLI
LEGAMI FORTI
amici
voi
famiglia
social network
colleghi di lavoro

6

SALIRESTI SU UN'AUTO CHE SI GUIDA DA SOLA?

6.1 Ci piacciono le persone simili a noi

6.2 Abbiamo comportamenti automatici e stereotipati

6.3 Persuadere

6.4 Convincere

6.5 Influenzare

6.6 Manipolare

Se la domanda che ho scelto come apertura di questo capitolo vi sembra strana... be' avete ragione.
In realtà, non si tratta di una domanda qualsiasi, ma di un quesito studiato appositamente per cercare di carpire se, in base all'ambiente, le reazioni delle persone di uno o più gruppi e con diverse connessioni possono essere differenti a prescindere dalla domanda stessa. Come a dire, la risposta cambia in funzione di dove viene posta la domanda.
Ho chiesto sia su Facebook che su Google Plus la stessa cosa nello stesso modo: "Ti fideresti di salire su un'auto che si guida da sola?", e ho riportato il caso di un piccolo incidente avvenuto a una Google Car senza pilota.
I ragazzi sulla macchina si sono beccati un bel colpo di frusta, nulla di grave, anche se una bella scocciatura, ma c'è da dire che l'auto è stata tamponata, quindi non ha compiuto un'azione errata, ma l'ha subita.
Il risultato del test è stato abbastanza sconcertante: su Facebook tutti mi hanno detto che non si fiderebbero. Su Google Plus hanno espresso il parere opposto.
Su Google Plus mi hanno risposto addirittura, e giustamente, che andare su una metro che si guida da sola è come andare in ascensore, e in ascensore ci si va senza conducente, ma un'auto è diversa: molte più variabili.
Giusto, ma la risposta più intelligente l'ha data senza dubbio il mio amico Gianluca Deidda: "Per l'auto: be', si può fare. Basta solo eliminare gli automobilisti: integralmente. Come nelle linee ferrate o negli spazi aerei", ha detto.

Il problema quindi, non sono le auto, la strada, i mezzi, l'intelligenza artificiale. Il problema sono gli altri. Se eliminassimo da tutte le auto la guida manuale, allora sì, saremmo sicuri.
Ma al di là del contenuto e di quello che pensate in riferimento a questa cosa, come mai ci sono risposte diametralmente opposte e massificate in questo modo?
Google Plus è di Google e quale azienda oggi è probabilmente la più evoluta a livello software per la guida automatizzata? Certamente, insieme a Tesla, la stessa Google. E chi sta su Google Plus è un fan di Big G, altrimenti non si spiegherebbe l'uso di un social molto rarefatto rispetto ad altri.
E Facebook? Su Facebook ci siamo tutti, semplicemente tutti. Tutti significa anche chi non sa assolutamente nulla di tecnologia, di guida automatizzata e di sicurezza "robotica" sulle strade. Su Facebook ci sta la benedettissima casalinga che, giustamente, non sa nulla di tutto questo e quindi non si fida, non si fida di qualcosa che non conosce. Quindi non sono la domanda e le risposte che ci arrivano a cambiare il nostro punto di vista sulla realtà, ma spesso è il luogo in cui avvengono queste discussioni a essere fondamentale per l'indirizzo preso da una conversazione.
La prima regola davvero importante che dobbiamo imparare, se vogliamo avvicinarci al mondo delle pubbliche relazioni, è che **l'ambiente in cui comunichiamo non è solo importante, ma è addirittura fondamentale per la riuscita di una campagna o di un semplice messaggio,** tenendo sempre presente che le persone si relazionano sulla base delle dinamiche che abbiamo letto e visto in precedenza.

La stessa cosa scritta in due posti diversi potrebbe non andare bene, potrebbe essere perfetta in uno e stonata in un altro. Se dobbiamo essere "crossmediali" e usare più piattaforme, dobbiamo essere anche perfettamente consapevoli di questo.

6.1 CI PIACCIONO **LE PERSONE SIMILI A NOI**

Noi amiamo noi stessi.
Non è un semplice e puro delirio narcisistico, ma è una presa di coscienza fondamentale in ambito di pubbliche relazioni. Se siamo sani di mente, ci vogliamo bene.
Il proverbio "Chi va con lo zoppo impara a zoppicare" non è sbagliato, anche se espresso male, perché generalmente tendiamo a circondarci di persone che ci somigliano e che hanno affinità con noi.
Diciamo che chi va con lo zoppo lo fa perché ha la tendenza a zoppicare o è zoppo a sua volta.
Noi ci conosciamo e ci sentiamo abbastanza "giusti" da volere a fianco altri individui che, in qualche modo, condividono la nostra stessa visione del mondo, della vita e delle cose.
Non ci circondiamo di persone diverse, perché spesso non le capiamo, e se non le capiamo le prendiamo in antipatia o addirittura ci fanno paura. Ci circondiamo di "cloni" di noi stessi, ed è normale.
Tutte le mattine ci guardiamo allo specchio, ci sentiamo parlare e ragionare su quello che accade nel mondo, quindi è ovvio che abbiamo un'immagine abbastanza precisa di noi stessi e del posto che occupiamo nell'universo (non è sempre accurata, ma pensiamo lo sia;

anzi: spesso ne siamo convinti). Quindi, quando ci guardiamo intorno, ovviamente ci avviciniamo magneticamente alle persone simili a noi. Noi siamo come siamo anche per via delle nostre scelte, e quindi ci piacciamo.

NEI GRUPPI CHE SI FORMANO IN RETE LE PERSONE TENDONO AD ASSOMIGLIARSI, E PIÙ SI ASSOMIGLIANO, PIÙ COSTITUISCONO GRUPPI LEGATI E POTENTI.

6.2 ABBIAMO COMPORTAMENTI **AUTOMATICI E STEREOTIPATI**

Lo so che molti di voi storceranno il naso di fronte a questa frase, pensando che "no no, io non sono per nulla stereotipato", ma invece sì, ed è un bene.
Il nostro cervello non è in grado, e non sarebbe giusto sottoporlo a tale pressione, di occuparsi di ogni cosa ci circondi in ogni momento.
Proprio per questo si formano le abitudini, che se per qualcuno di voi possono essere scambiate per routine o noia, in realtà sono un formidabile salvavita.
La prima volta che prendiamo in mano un accendino o che vediamo

il fuoco, da piccoli, siamo spinti a fare una cosa molto semplice: toccarlo. Il fuoco è bellissimo, evanescente, luminoso, tremulo, sembra quasi morbido; e un bimbo non può resistere alla propria curiosità, quindi lo tocca e, al contatto, se di contatto possiamo parlare, si brucia e ritira la mano in fretta.
Se lo ricorderà, lo sapete benissimo, ci siamo passati tutti. Se è proprio duro di comprendonio lo farà forse altre volte, ma di sicuro, a un certo punto, smetterà perché il suo cervello assocerà il fuoco al dolore, e da lì in avanti il fuoco diverrà intoccabile anche senza pensarci o ragionare.
Questo funziona per moltissime attività quotidiane delle quali non abbiamo nemmeno coscienza. Quando attraversiamo la strada, guardiamo istintivamente, senza pensarci, e lo facciamo dalla parte giusta (ed ecco perché a Londra sui marciapiedi è scritto di guardare a destra).
Quando scendiamo dal letto, lo facciamo sempre con lo stesso piede, e quando facciamo la doccia ci laviamo sempre con lo stesso protocollo, con lo stesso ordine.
Il corpo e il cervello mettono in moto dei servizi in background che ci permettono di liberare risorse per cose più importanti, che necessitano veramente della nostra attenzione.
Questo fatto, che sembra banale, è sempre da tenere in considerazione in un'attività di Pr. Ogni individuo è legato, come abbiamo visto, al proprio ambiente e alle proprie abitudini, e sulle abitudini possono essere svolte le attività più potenti e penetranti. Cavalcare le abitudini preesistenti, una volta individuate, può essere il nostro Cavallo di Troia, ma per capire in che modo, dobbiamo individuare le leve da muovere: la persuasione, la convinzione e l'influenzare.

6.3 PERSUADERE

Persuadere ha, almeno nella mia testa, un'etichetta che si chiama Cialdini: è stato Robert B. Cialdini, notissimo psicologo americano, a portare la parola "persuasione" ai suoi massimi livelli nel libro *Le armi della persuasione*.
Ma prima dobbiamo capire cosa significhi persuadere e quali differenze fondamentali ci siano con il convincere e con l'influenzare.
A me piace dire che si convince con il cervello, si persuade con il cuore e si influenza per come si è, mutuando le parole dell'amico Leonardo Milan.
Okay, ma cosa significa? La persuasione passa attraverso l'asserzione di affermazioni che non sono necessariamente comprovabili, ma che portano in ogni caso il nostro interlocutore a cambiare la propria idea. Se dico a qualcuno: "Dai, vieni con me a quella festa, ti prometto che ci divertiamo"; oppure: "Non devi fare il backup del sito, fidati, non ci pensare che non serve", sto facendo operazioni di persuasione, non di convinzione. Affermo delle cose puntellate e fissate esclusivamente alla fiducia nei miei confronti, non basate sul ragionamento.
Le persone si fanno persuadere quando si fidano.
Stando al ragionamento di Cialdini, che reputo del tutto consono alla realtà comunicativa del mondo di oggi, le regole della persuasione sono sei:

1. Coerenza

Ognuno di noi prova l'impulso quasi irrefrenabile a essere coerente con se stesso, con le proprie idee, le proprie asserzioni e le proprie

convinzioni. Anche se queste vengono smontate pezzo per pezzo, tendiamo a inalberarci per difendere le nostre convinzioni, facendo passare per coerenza l'arroccamento.
Se ti fai un'idea su qualcosa, passerai il resto del tuo tempo a difenderla, a tutelarla e a convincere tutti che, anche se forse non è corretta, la sostieni perché sei coerente.
È incredibile quanto la coerenza possa essere un'arma potentissima di persuasione, specie se legata alle altre regole.

2. Reciprocità

Ci sentiamo in dovere di contraccambiare un favore o un presunto piacere fatto da altri. Tutte le società sono contraddistinte da questa caratteristica, nessuna esclusa, ed è una potente leva evolutiva.
In ambito digital Pr la reciprocità è fondamentale per la relazione con i nostri potenziali clienti. Essere un'azienda che riesce a fare "favori" alle persone, anche se questi favori non sono preziosi, mette gli individui nell'ottica di ricambiare o quantomeno di "innamorarsi" del marchio.

3. Riprova sociale

Questo è quello che nessuno di voi vorrebbe sentirsi dire ma, mi dispiace, è così: **le persone tendono a tenere in altissima considerazione i comportamenti o le scelte fatte da un alto numero di individui,** e più questo numero è alto, più le masse penseranno che una determinata cosa è giusta o è bella o è addirittura corretta.
Il "sì, ma lo fanno tutti" o "ce l'hanno tutti" non è una congettura, ma un fatto che si pone alla base della diffusione delle mode, per esempio.

L'ABITUDINE FA IL GUSTO, DICEVA ARISTOTELE, E SE QUESTO È VERO È ANCORA PIÙ VERO CHE, SE UNA COSA LA FANNO IN MOLTI (SE NON PROPRIO TUTTI), IN QUEL CASO CI PARE NON SOLO ACCETTABILE, MA GIUSTA E IMITABILE.

Pensate, in prospettiva Pr, di essere consapevoli di una cosa simile. Tempo fa, durante un viaggio a Londra, mi sono accorto di una lunga coda di persone per strada, davanti a me, e non capivo cosa fosse, da cosa fosse causata. Era, supponevo, un'attività commerciale, ma davanti alla porta, una bruttissima porta in legno, vecchissima, c'era un "buttafuori" e la suddetta coda di una decina di persone. La fila si rimpolpava grazie alla curiosità delle persone che passavano per strada e, senza sapere il perché, si mettevano in fila a loro volta. In effetti, quel posto era un normalissimo negozio di abbigliamento vintage, nemmeno troppo gradevole, che aveva assoldato una persona per creare la fila di gente! Coda che, facendo leva sulla riprova sociale, si autoalimentava.
Uno dei capisaldi della propaganda del folle Goebbels era il cosiddetto Principio dell'unanimità, cioè "portare la gente a credere che le opinioni

espresse siano condivise da tutti, creando una falsa impressione di unanimità". Come vedete, stiamo dicendo qualcosa che non è nuovo, ma che è terribilmente potente.

4. Autorità

La chiamo anche autorevolezza riflessa e la potremmo riassumere con "le opinioni non sono tutte uguali".
Non vi fate convincere da quelli che dicono che "la mia e la tua opinione sono uguali e in quanto opinioni hanno lo stesso valore"; oppure che "la mia opinione vale quanto le altre", perché è un'enorme baggianata.
Ogni asserzione, caldeggiata da una figura autorevole in un determinato campo, accresce la valenza persuasoria dell'asserzione stessa.
Se dico "quello è un ottimo telefono", qualcuno potrebbe dire che non ci capisco nulla e che è meglio se taccio, ma se Bill Gates dice "quello è un ottimo telefono", è evidente che il punto di vista e l'opinione hanno pesi profondamente diversi.
Insomma, non crederete davvero che siamo tutti uguali, no? E in fondo, perché dovremmo? L'oncologo Veronesi poteva avere opinioni sul cancro simili alle mie, ma le sue erano certamente coadiuvate dalla conoscenza e avevano, di fatto, un valore maggiore.
Le asserzioni sostenute da un riferimento a una figura di rilievo, reale o presunta, o presentate come se fossero derivate da tale figura/istituzione, accrescono la loro valenza persuasoria.

5. Simpatia

A qualcuno sembrerà banale, ma non lo è per nulla. La simpatia è un magnifico ordigno persuasivo.

La simpatia esercita un fortissimo peso sulle nostre decisioni, perché si sa che noi tendiamo a dare ragione a noi stessi, quindi a quelli che ci somigliano e, in definitiva, a quelli che ci stanno simpatici, perché quelli sì che ci somigliano! Altrimenti non ci starebbero simpatici.
Essere simpatici a qualcuno o, ancora meglio, essere simpatici a molti è fondamentale nell'attività di Pr. "Molti nemici, molto onore" non vale in comunicazione, anzi a mio parere non vale per nulla, ma men che meno in comunicazione.

6. Scarsità

Questa è la più classica ed è antica come il mondo: più una risorsa è scarsa più è preziosa (o gli si attribuisce valore).
Attorno al 2014 un'azienda cinese di telefoni cellulari (allora sconosciuta in Italia) puntò sulla sesta euristica di Cialdini per affinare la propria tecnica di vendita, ma soprattutto per farsi conoscere e aumentare la percezione del valore del marchio. Disse a tutti che i suoi telefoni erano pochi e potevano essere acquistati solo su invito, poi distribuì un basso numero di inviti e disse a ognuno dei destinatari che aveva la possibilità di invitare un solo amico, il quale avrebbe potuto acquistare a sua volta il cellulare.
Niente sconti, niente offerte. Chi non era invitato non poteva avere il telefono, perché era raro e "prezioso" quanto gli inviti e le persone che lo possedevano.
In pochissimo tempo le vendite si impennarono e il marchio divenne molto noto in tutto il Paese.
La persuasione è senza dubbio il metodo più potente da mettere in pratica, attraverso queste regole che abbiamo appena imparato,

ma è anche certamente la più complessa e difficile da applicare, perché necessita di alcuni ingredienti particolari, primo tra tutti la fiducia da parte delle persone.

Se non c'è fiducia, non possiamo pretendere di persuadere nessuno.

6.4 CONVINCERE

Convincere è "tecnicamente" più semplice che persuadere, perché necessita solo di maggiori e più accurate informazioni.
Posso convincere qualcuno dell'elevata resistenza di un ponte al vento, portando dati certificati da un ingegnere e mostrando i calcoli fatti. Ma come possiamo convincere qualcuno di un'idea politica? O di una fede calcistica?
Non possiamo. Su alcune cose la convinzione non funziona.
Quindi, è più semplice convincere che persuadere, ma anche meno flessibile oltre che meno incisivo.

6.5 INFLUENZARE

Si influenza per come si è, dicevamo.
Ammettiamo di vedere una persona ferma a un passaggio a livello, su una bellissima moto, con i pantaloni abbastanza corti da mostrare i calzini.
Ha dei calzini bellissimi, questo centauro affascinante, con dei rombi perfetti e dei colori magnifici. Riusciamo anche, visto che siamo fermi e siamo vicini, a scorgere un logo... Sì, sì, è il logo della marca e quindi,

prima che le sbarre si alzino, cerchiamo sul nostro smartphone quella marca, quel prodotto, e se cerchiamo nel nostro negozio online di fiducia e troviamo quei calzini, li compriamo prima che la sbarra si alzi.
Bene. Credete che in tutto questo processo il centauro alla sbarra sia consapevole del fatto che ci sta influenzando, o che stia pensando ai meccanismi di quello che spesso chiameremo influence? Certamente no! Sa di aver comprato quei calzini, che sono belli e gli piacciono, forse sa anche di indossarli in questo momento (anche se dubito ci stia pensando), ma quello che non sa è che qualcuno (e forse più di uno) ha comprato un prodotto perché influenzato da lui.
Attraverso il ragionamento, la dialettica e il linguaggio del corpo posso cercare di convincere o persuadere qualcuno del fatto che ha torto o che sta sbagliando o che, perché no, sta comprando il prodotto sbagliato.
La persuasione e la convinzione quindi denotano volontà: se tento di convincere qualcuno, sto compiendo un'azione conscia. Il persuasivo (o presunto tale) opera in piena consapevolezza. La persuasione è consapevole; l'influenza non lo è per forza.
Su questo concetto si basa tutta la parte di quelle nuove forme di "pubblicità" che chiamiamo native advertising, ad esempio. Sono importantissime nelle digital Pr, o meglio è importantissimo capirne i meccanismi e individuare le persone adatte a portarne avanti le caratteristiche.
Il native advertising è una tipologia di pubblicità online che prende la forma dei contenuti del sito sul quale è ospitata: di fatto si tratta di contestualizzare una pubblicità all'interno di un contenitore, mimetizzandola nel contenitore stesso.
L'obiettivo di questa pubblicità non è quello di distrarre l'utente da quello

che sta facendo (leggere un articolo o guardare un video), ma di riprodurre un'esperienza, in modo del tutto naturale.
Il native advertising non stride e non dà fastidio, ma necessita di una caratteristica fondamentale: la credibilità.
Non posso, per capirci, far usare un joypad per Xbox a una giornalista di giallozafferano.it, perché non è il suo ruolo e il suo strumento.
Nel native in genere è indicato chiaramente chi è a "sponsorizzare" il contenuto, in modo che non risulti una banalissima pubblicità occulta, così come il product placement (l'inserimento di prodotti nei film e nei programmi televisivi) è chiaramente segnalato nei titoli o addirittura durante i programmi stessi.
Un esempio classico di native è dato dai post sponsorizzati di Facebook, nei quali è palesata la sponsorizzazione ma è evidente anche che la tipologia di contenuto è identica a tutto il resto del contenuto e completamente contestualizzata. In sostanza, per persuadere, ho bisogno della fiducia da parte dei miei lettori, per convincere della conoscenza profonda di un determinato argomento e per influenzare con una forte carica di identificazione i miei utenti.

6.6 MANIPOLARE

Sentendo parlare di "pubblicità mimetica" a molti sarà venuto in mente che siamo tutti manipolati o manipolabili.
Ecco, probabilmente in gran parte è vero, ma il punto su cui concentrarsi è un altro: **ognuno di noi deve fare le cose in coscienza e cercare di non manipolare il prossimo.**

Tutta la nostra comunicazione, tutto quello che vogliamo dire o fare, deve partire dal nostro prodotto. Se abbiamo un prodotto che fa schifo, non possiamo pensare di investire per venderlo ugualmente manipolando il prossimo, ma dobbiamo pensare di cambiare il nostro prodotto o forse, perché, no, di cambiare il nostro target e parlare ad altri.
Il vocabolario Treccani, alla voce "Manipolare", recita: "Adattare, volgere in senso favorevole a se stessi, mediante imbrogli e intrighi, allo scopo di ottenere vantaggi personali". Quindi significa agire presentando "la verità, i fatti, le notizie in modo conforme ai propri interessi".
Di fatto, aggiungo io, vuol dire mentire.
Questo non è un libro sulle menzogne o sulla manipolazione, nessuno è qui per fregare il prossimo e, ripeto, tutto deve partire dal prodotto, sempre.

LA MANIPOLAZIONE, QUINDI, VA CONSIDERATA UN'OPZIONE DA NON PRENDERE IN CONSIDERAZIONE. MAI.

È bene capire che, se paghiamo qualcuno per dire quanto è buono il nostro prodotto, sapendo che a questo qualcuno il nostro prodotto non piace affatto, stiamo facendo una marchetta. È manipolazione, non è native o persuasione.
Questo deve essere chiaro.

7

E TU IN CHE GRUPPO DI PERSONE SEI?

In rete tutti noi pensiamo di essere dei cani sciolti, dei liberi pensatori che decidono, di momento in momento, dove andare, cosa fare, cosa dire e come ragionare.
Nulla di più sbagliato. Noi compiamo delle azioni con dei fini e soprattutto con la volontà di creare una nostra precisa identità sociale, per occupare un posto ben definito nel mondo.
Noi siamo, in quanto esseri umani, fisiologicamente portati a radunarci in gruppi, più o meno piccoli, più o meno legati.
Lo facciamo per un motivo molto semplice: perché, se fossimo stati dei cani sciolti, dal punto di vista evolutivo non avremmo avuto scampo. Come abbiamo già visto, il fine della socialità è rendere le nostre vite migliori e più semplici: la socialità ci aiuta a migliorare, a difenderci e a trovare nuove opportunità.
La socialità non è fine a se stessa e, come tale, le dinamiche di gruppo sono fondamentali per capire con chi approcciarsi, quando e come. Cerchiamo quindi di capire insieme come sono composti i gruppi della rete, come si comportano i partecipanti e soprattutto perché sono lì.

7.1 GRUPPI **MINIMALI**

Negli anni settanta, lo psicologo britannico Henri Tajfel inaugurò una brillante e complessa sperimentazione che lo portò a formulare il cosiddetto Paradigma dei gruppi minimali.
In modo del tutto casuale, Tajfel prese alcuni studenti quindicenni che frequentavano la stessa classe – senza alcuna distinzione evidente tra loro, e senza nessuno studio o ricerca per orientare la scelta – e li divise

in due gruppi. Poi chiese ai ragazzi se preferivano i quadri di Klee o di Kandinskij, accertandosi però che non conoscessero i due pittori in questione e che non avessero una pregressa passione per l'arte, cosa che avrebbe inficiato l'esperimento.
Di fatto, le differenze tra i ragazzi dei due gruppi erano impercettibili e ininfluenti a livello personale, ma l'osservazione di Tajfel fu stupefacente: i ragazzi all'interno di un gruppo a lungo andare iniziavano (senza differenze e motivazioni oggettive, come abbiamo detto) a sentirsi "diversi" rispetto a quelli dell'altro gruppo, attribuendo a se stessi lo status di migliori e contrapposti agli altri.
Divisi solo per via di futili motivi – e cioè i gusti che loro stessi non avevano mai sviluppato prima –, i ragazzi hanno iniziato a sentirsi diversi da gruppo a gruppo.
La riuscita di questo esperimento, o meglio la sua interpretazione, ha dell'incredibile.

Categorizzazione sociale

Le persone tendono a creare categorie con modalità e scelte tra le più disparate e con confini e funzionalità del tutto effimere, come per esempio il sesso, l'appartenenza a un movimento politico o a una squadra di calcio. Inoltre, tendiamo tutti ad accentuare le differenze con le altre categorie e ad amplificare le similitudini all'interno della nostra.

Identificazione sociale

Le persone che si identificano con un gruppo percepiscono il loro stesso valore e la loro autostima, grazie anche al valore del gruppo in cui si sentono integrati.

In pratica, la nostra identificazione ci serve per capire non solo dove siamo, ma anche chi siamo, visto che traiamo autostima in base al gruppo sociale a cui apparteniamo.
La nostra identità sociale, però, non fa parte solo di una categoria, ma di più categorie (per esempio noi non siamo "solo" un tifoso, ma siamo molte altre cose, per capirci), quindi l'insieme dei gruppi dei quali facciamo parte definisce la nostra identità e la percezione che abbiamo di noi.

Confronto sociale

Quando appuriamo di far parte di un gruppo, il confronto sociale permette di determinarne il valore confrontandolo con le caratteristiche degli altri gruppi in base al principio dell'autoaccrescimento (che può essere sintetizzato con la frase "Il mio gruppo è migliore degli altri").
La sperimentazione e la creazione del Paradigma dei gruppi minimali di Tajfel è qualcosa di affascinante e al contempo sconcertante: **gli esseri umani costruiscono la propria identità e la propria autostima in base al proprio gruppo di appartenenza,** che non è necessariamente categorizzato in modo oggettivo.
L'ambiente in cui ci muoviamo e in cui viviamo, quindi, è di fondamentale importanza per lo sviluppo del nostro "io", sia social, sia individuale; e gruppi e categorie, una volta individuati, possono essere facilmente "aggrediti" da una forma più o meno incisiva di pubbliche relazioni: se riusciamo a identificare i confini dei gruppi minimali e dei loro appartenenti, possiamo anche conoscere in anticipo i loro comportamenti, i loro pensieri e le loro reazioni, oltre a essere sempre in grado di sapere quale tipologia di contenuto o di prodotto dovremo proporre a un certo tipo di persone.

7.2 I TRE CERCHI CONCENTRICI **DEI GRUPPI**

Abbiamo visto come, anche senza saperlo, le persone si riuniscono in gruppi. A volte in modo inconsapevole, senza motivazioni oggettive e senza un fine evidente, gli individui si aggregano per avere dei "ritorni", che nel caso dei gruppi minimali, per esempio, coincidono con una maggiore autostima e con la costruzione di una propria identità sociale.

Inoltre abbiamo visto che i gruppi minimali hanno anche una forte caratteristica inconsapevole, nel senso che le persone, senza alcun motivo valido, ritengono il proprio gruppo di appartenenza migliore e in competizione con gli altri, solo perché ne fanno parte (anche quando la loro appartenenza al gruppo non è dipesa dalla loro volontà).

Pensate banalmente al razzismo, al diritto di razza superiore per nascita e capirete cosa intendo.

Diciamo che i gruppi minimali dimostrano che per l'uomo è indispensabile sentirsi parte di qualcosa anche se questo qualcosa non è stato scelto direttamente: siamo bestie straordinariamente sociali, senza gli altri moriremmo, ricordiamocelo.

Ma i gruppi di persone, sia in rete che offline, non sono composti solo da individui inconsapevoli che fanno parte di un gruppo solo per spirito di appartenenza, ma anche da soggetti che decidono di aggregarsi ad altri membri della comunità guidati dalla necessità e dalla volontà.

È così che nascono i gruppi uniti, che a loro volta possono essere suddivisi in tre sottogruppi che a me piace definire concentrici: i tre cerchi concentrici dei gruppi uniti.

7.3 INTERESSI MOMENTANEI, **SENZA PASSIONE**

Fate uno sforzo di fantasia insieme a me, seguitemi: ammettiamo di avere la necessità di comprare un nuovo cellulare. Non abbiamo particolari esigenza, non dobbiamo usarlo per lavorare e non vogliamo buttare i nostri soldi in qualcosa che non faccia al caso nostro.
Non abbiamo amici stretti a cui chiedere, o meglio ne abbiamo, ma non capiscono nulla di tecnologia, quindi la prima cosa che faremo sarà andare su Google e chiedere "a lui".
Così facendo, inneschiamo una serie di meccanismi e di atteggiamenti che ci porteranno, ricerca dopo ricerca ed esperienza dopo esperienza, a farci un'idea non solo di quello che ci piace, ma di ciò di cui avremmo bisogno.
Con il tempo inizieremo, in modo del tutto istintivo, visto che non sappiamo nulla di cellulari, a fidarci più di una fonte che di un'altra, a considerare autorevole un sito o un blogger perché ce l'ha consigliato qualcuno che abbiamo conosciuto, perché molti ne parlano o, semplicemente, perché dice quello che inconsciamente vorremmo sentirmci dire. Di fatto non sappiamo nulla, quindi non potremmo scegliere, ma lo facciamo lo stesso.
Ecco, in questo momento stiamo facendo parte di quello che possiamo definire un insieme di senso, cioè un gruppo di persone che ha un debole nesso di coesione (che in questo caso è la ricerca di un nuovo telefono) e fa esperienze attraverso le esperienze pregresse di altri individui.
I nessi di coesione possono essere molto ampi, come per esempio lo sport, la politica o la tecnologia; ma non esistono legami profondi,

diciamo "affettivi" che regolano i partecipanti ai suddetti gruppi.
Sono gruppi di necessità evanescenti e dai contorni frastagliati, visto che, una volta comprato il telefono, potreste decidere di non occuparvi mai più di telefonia cellulare fino al prossimo acquisto.
Sono insiemi di senso quei grandi gruppi che hanno in comune necessità e interessi temporanei (quindi anche i legami sono temporanei).

7.4 INTERESSI RADICATI, **CON PASSIONE**

Sempre seguendo l'esempio precedente, avete scoperto un sacco di cose sul mondo della telefonia, semplicemente cercando. Avete iniziato a capire come funzionano i device più svariati, anche quelli che non sapevate esistessero, e avete anche scoperto un mondo di app – che potenzialmente vi potrebbero cambiare la vita – e un nugolo enorme di esperti, raggiungibili e a portata di mano, che vi possono aiutare nelle vostre "nuove" attività con lo smartphone.
Avete scelto un device grazie al quale avete trovato nuovi stimoli.
Sì, perché avete imparato che esistono telefoni che fanno foto magnifiche e altri che le fanno mediocri; ma anche che la vostra passione per le foto può essere alimentata da app di modifica fotografica delle quali non immaginavate l'esistenza; app per fare cartoni animati, altre che inseriscono filtri, altre che trasformano tutto in un fumetto... l'unico limite è la vostra fantasia!
Quindi, in base all'esperienza, è mutato anche il vostro modo di approcciarvi ai siti e alle altre persone. Non siete più un utente che

ha "necessità" di cambiare telefono, ma siete una persona che, superata quella necessità, adesso si trova con una nuova passione, quella delle foto fatte e poi modificate con lo smartphone: sì, perché ci sono anche dei social dedicati e addirittura dei professionisti del settore come gli instagrammer!
Vi piace questo mondo, vi piace un sacco e ve ne innamorate.
Abbiamo appena visto la nascita di un membro di un cluster.
Il cluster è "interno" rispetto agli insiemi di senso, perché in questi ultimi il legame è dettato dalla necessità, la quale, una volta soddisfatta, porta allo scioglimento del legame stesso; nei cluster, invece, vi è una passione o un minimo legame affettivo con il tema, che quindi è duraturo nel tempo.

7.5 INTERESSI RADICATI **E AMORE PER IL GRUPPO**

Ormai è da tempo che frequentate alcuni blogger e quei gruppi di persone che hanno acceso la vostra passione. È da un po' che siete in contatto con molti individui che condividono con voi il vostro amore per le foto e per i filtri, quindi iniziate a sentire qualcosa di diverso dalla semplice passione verso qualcosa: iniziate a sentire amore verso qualcuno.
Non solo. Avete anche una grande voglia di iniziare a raccontare le vostre esperienze, di "restituire" quello che avete preso in precedenza e di diventare un utente che aiuta gli altri dall'alto della sua esperienza.
Lo fate per voi, per la vostra autostima, ma lo fate anche perché volete che gli altri facciano un percorso esaltante quanto il vostro, visto che voi

avete trovato persone con le quali state davvero bene, dei veri amici. Ci si scambia anche informazioni di altra natura, visto che ci si frequenta così spesso e assiduamente, e si passa dal nesso di coesione iniziale alla voglia di bere una birra insieme, anche se si abita distanti.
Così si organizzano scampagnate, cene, eventi che abbiano al centro la passione per le foto e per i cellulari e si diventa amici al di là del significato adoperato da Facebook. Si rafforza un legame potente che non è più soltanto un nesso di coesione, ma qualcosa di emozionante e con un grandissimo magnetismo sociale, una nuova forma che genera in noi un fortissimo senso di appartenenza. Questa cosa, luminosa e potente come una supernova, si chiama community. Pensate, per esempio, ai gruppi di persone che si trovano tutte le domeniche per fare i raduni in Vespa: si sono avvicinati, conosciuti, frequentati e "innamorati" grazie alla passione per la Vespa, che poi è diventata molto di più.

UNA COMMUNITY È FATTA DI INTERAZIONE, PASSIONE E GRANDE SENSO DI COESIONE.

È l'esempio più alto e legato di gruppo di persone online. L'individuazione di questi gruppi, delle loro dinamiche e dei leader di ognuna di queste realtà rende le digital Pr un mezzo potentissimo per poter veicolare un messaggio verso chi è perfettamente in target, oltre che estremamente ricettivo.

8

LE PERSONE DELLE QUALI CI FIDIAMO

8.1 Quando è marketing e quando è una marchetta?

8.2 Dove sono collocati gli influencer?

8.3 L'adozione delle idee tra innovatori e ritardatari

Uno dei concetti fondamentali di questo libro è certamente la fiducia. Ritorna sempre, in varie forme, perché è senza dubbio il punto attorno al quale ruota tutto il mondo delle digital Pr. Ma non solo, di tutta la comunicazione.

Non possiamo pensare di vendere un prodotto o un servizio se le persone alle quali ci approcciamo non si fidano.

Possiamo avere tra le mani la cosa più bella e luccicante del mondo, possiamo essere degli ottimi imbonitori, degli straordinari commerciali, ma se le persone pensano che le vogliamo fregare... siamo fregati. Allora ribadiamo un punto cardine: il web non è un mercato. Siamo tutti qui per vendere, certo, ma visto che il web non è un mercato ma è conversazione, va da sé che la fiducia debba essere al centro di tutto.

CI DOBBIAMO CHIEDERE: DOVE POSSIAMO TROVARE PERSONE DELLE QUALI LA GENTE SI FIDA? O COME POSSIAMO DIVENTARE NOI QUALCUNO DI CUI LA GENTE SI FIDA?

In questo nuovo mondo digitale nascono, o meglio si amplificano, alcune personalità che sono sempre esistite, alcune figure che, grazie alla digitalizzazione, sono diventate quasi mitologiche come l'Idra e il Minotauro. La prima fra tutte, e anche la mia preferita, è quella dell'influencer.

L'influencer, questo sconosciuto.
Prima di parlare di questa chimera, diciamo che la figura dell'influencer è sempre esistita visto che, già negli anni quaranta, si parlava della capacità degli opinion leader di definire i gusti delle persone e di spingerle a determinate azioni.
Quello che abbiamo oggi è senza dubbio qualcosa di più strutturato e scientificamente misurabile. Ma andiamo con ordine.
Come suggerisce Matteo Pogliani nel suo bel libro *Influencer Marketing*, i suddetti personaggi mitologici possono essere scandagliati e categorizzati in base ai seguenti parametri.

Identificazione: individuare gli influencer più consoni alla nostra realtà e che hanno influenza sui nostri target.
Verticalità: si valorizzano le qualità del soggetto selezionato (conoscenza + autorevolezza + posizione + capacità comunicative) per comunicare con i nostri possibili clienti.
Autonomia: libertà per essi di comunicare, con il proprio approccio, linguaggio e personalità, il messaggio proposto.
Trasparenza: proporre messaggi "reali" e non artefatti, che possano raccontare la reale essenza del brand.

Una precisazione: il concetto di verticalità è molto utilizzato online e, come abbiamo visto, serve a definire uno stretto campo di azione contenutistica: se parlo di Ferrara, sono verticale su Ferrara; e se parlo di cronaca a Ferrara sono ancora più verticale, cioè più specifico.
Gli influencer, oltre a essere contraddistinti dalle caratteristiche che abbiamo appena analizzato, sono tenuti comunicativamente insieme

(sono accomunati sul fronte dei contenuti) da un collante che è la fiducia. E torniamo sempre lì.
Facciamo un esempio per essere chiari, un esempio che Francesco Sordi fa sempre ai suoi studenti.
Ho avuto il secondo figlio e ho bisogno di una nuova auto. Cosa faccio? Siccome mi serve una macchina spaziosa, vado dal mio meccanico di fiducia, Renato, e gli chiedo un consiglio.
Renato mi dice che l'auto XY è perfetta per me, ottima come consumi, considerando i chilometri che in media percorro ogni anno, ottima come manutenzione e perfetta come dimensioni.
Cosa è successo? Renato, basandosi su informazioni che possiede e che mi riguardano, ha tratto alcune conclusioni delle quali mi fido. Quindi vado da un concessionario, mi faccio mostrare la XY e se mi piace, come credevo già mentre parlavo con Renato, la compro.
Okay, Renato mi ha influenzato? Sì, certo. Quindi Renato è un influencer?
Ecco il problema: sulla base di quello che intendiamo noi per influencer, no, Renato non lo è, anche se ci ha influenzato.
Renato non ha un pubblico vasto, non ingaggia sui social e gli mancano una serie di caratteristiche per essere defınto influencer (ripeto, dal punto di vista delle digital Pr).
Se sono l'azienda che produce la XY e voglio fare un'attività di Pr, chiamo tutti i Renato d'Italia a una manifestazione in cui spiego quanto sia straordinaria la XY e poi li rimando a casa felici, sperando che ne parlino ai clienti come l'abbiamo raccontata noi.
Se invece voglio fare un'attività di digital Pr trovo il "Super Renato" per eccellenza che è in grado di rappresentare la fiducia degli altri,

come il mio Renato, ma che parla a tante, tante persone.
Gli attori con una notevole centralità nella loro rete, che sono in grado di arrivare a molte persone e sono ragionevolmente attendibili, vengono anche definiti gatekeeper, non per una connotazione anglofona che ci piace e va di moda, ma per identificare un individuo in grado di scegliere e "tradurre" le informazioni per i suoi lettori o utenti.

QUALSIASI TIPO DI CONTENUTO NON È UNA NOTIZIA, MA LO DIVENTA NEL MOMENTO IN CUI QUALCUNO LA RENDE TALE.

Facciamo un altro esempio concreto. Google sviluppa un nuovo tipo di computer che invece di funzionare con tecnologia al silicio, si basa su una tecnologia "quantistica". Una rivoluzione enorme, che cambia del tutto il modo di processare le informazioni e, quindi, il modo in cui tutti noi vivremo nel futuro.
La maggioranza della popolazione non sarà minimamente interessata alla cosa, pensando che la suddetta invenzione non avrà alcuna ricaduta sulla sua vita, mentre questo non è assolutamente vero, perché quello che fa Google e la potenza di calcolo delle sue macchine riguardano ognuno di noi da vicino. Ma a moltissima gente non frega nulla dei quanti, giustamente! Non tutti possono appassionarsi e interessarsi nel profondo a ogni aspetto dello scibile.

Allora serve qualcuno che traduca questa informazione e, in pratica, racconti una storia. Serve qualcuno che dica che non si tratta "banalmente" di potenza di calcolo, ma aggiunga che questa potenza verrà utilizzata per cambiare i risultati di ricerca di Google e farà sì che il nostro e-commerce sparisca da Google stesso (sto esagerando, per rendere l'idea). Serve qualcuno che racconti che questa capacità di calcolo sarà in grado di "predire il futuro" grazie all'incrocio dei dati, e sarà quindi anche capace di curare il cancro ancora prima che si sviluppi.
Serve qualcuno che renda l'informazione sul computer quantistico di Google una notizia, che spieghi non tanto come è fatto, ma a cosa serve e quali saranno le ricadute sulla nostra vita.
Il gatekeeper è un individuo in grado di dare un ordine gerarchico delle notizie in base al confronto con le altre e sa tradurle per i propri lettori (o potenziali tali).
Anche qui vedremo come, ma il punto è che sempre, in fondo, la fiducia è alla base di tutto.

8.1 QUANDO È MARKETING **E QUANDO È UNA MARCHETTA?**

Benissimo. Iniziamo a capire bene i meccanismi, ma molti di voi adesso si staranno facendo una domanda: se chiedo a Renato di parlare di XY; anzi: se propongo al "Super Renato", cioè all'influencer dei meccanici, di parlare di XY, questa non è una marchetta?

Cerchiamo di capire. Del resto, siamo in un mondo che non ha uno storico, il digital non ha una storia dalla quale possiamo prendere spunto. Facciamo noi la storia, ogni giorno.
Non esiste una giurisprudenza da studiare, non ci sono abbastanza case history e, soprattutto, non ci sono anni di pratica sufficienti da avere creato una "morale" attorno al mondo dei social, quindi un'etica condivisa. Anche questo spetta a noi, ogni giorno.
L'etica è quella branca filosofica che si occupa di studiare i fondamenti razionali che permettono di assegnare ai comportamenti umani una condizione, di distinguerli in buoni, giusti, leciti. L'etica la costruiamo noi, giorno dopo giorno, con i nostri comportamenti.
Partendo sempre da condizioni iniziali condivise, mi sento anche di affermare, con parole non mie e dopo avere parlato di etica, quanto segue:

UN MARCHIO NON È PIÙ QUELLO CHE L'AZIENDA RACCONTA AI CONSUMATORI, MA QUELLO CHE DICONO I CONSUMATORI DEL MARCHIO STESSO.

Questa frase di Scott Cook, Ceo di Intuit, è certamente e senza dubbio accolta da tutti: se siamo qui a dire che vende più una faccia di un marchio, se sosteniamo che le persone si fidano delle persone,

se diciamo che la gente ascolta altra gente e se ammettiamo che i brand debbano comportarsi come persone, allora saremo certi che l'Adv sposta l'equilibrio sulle persone. E, peraltro, non è più Adv, in effetti.
Si chiama influencer marketing ed è quella cosa che fa sì che siano i consumatori i veicoli d'immagine di un prodotto.
Pensate alla solita Apple, che è stata l'azienda che meglio è riuscita a fare questa operazione a livello comunicativo. Wozniak (il cofondatore insieme a Jobs) dice che il Mac non è un computer, è uno stile di vita e, in quanto tale, tu non compri tecnologia, compri un modo di essere. È così per tutto, per la moda, ad esempio, o per la scelta tra pc o Mac, o tra Android e Apple, o tra quelli che erano i Commodore 64 o gli ZX Spectrum.
Ecco perché esistono piattaforme come Buzzoole, che è riuscita a radunare migliaia di influencer.
Come funzionano questi sistemi?
Ci si iscrive e si inserisce il proprio profili social, come accade per Klout (software che misura la nostra influenza online), e Buzzoole "misura" l'utente in base alle caratteristiche sociali che gli appartengono.
Allo stesso modo in piattaforma esistono delle aziende, diciamo dei clienti, che individuano gli influencer in base alle caratteristiche di riferimento (che so, se sono più evoluti in sport o fashion, per dire).
Pensate a Klout Perks, il sistema inventato dalla piattaforma Klout per sostenersi:
"Perks are exclusive rewards you earn for your influence. Every day, influencers receive amazing products, discounts and Vip access that is only available to Klout users".

Nulla di nuovo sotto il sole, le aziende cercano le persone che in qualche modo sono in grado di influenzare le altre persone.
Questa cosa si è sempre fatta e si farà sempre.
Il problema allora dove'è? Nel fatto che chi fa campagne per aziende, quindi si fa pagare per parlare di qualcosa, non è trasparente, o almeno c'è chi lo percepisce come tale. Ma a mio avviso, il problema sta tutto nel come le persone si pongono verso il prodotto o il servizio che accettano di pubblicizzare. Faccio un esempio che mi riguarda, un'ipotesi. Se compro una Fiat 500, lo faccio perché mi piace, mi piace molto, e se mi piace molto di certo la fotografo e la mostro sui social. Sono fiero della mia Fiat 500 e la voglio mostrare. Che male ci sarebbe se da questa operazione ne traessi un ritorno?
Quello che adesso definiamo problema è un falso problema, oppure è l'evoluzione di qualcosa che è sempre esistito sotto forme diverse, come ad esempio il product placement, solo che adesso sono le persone a veicolare un messaggio ad altre persone, non il cinema, ad esempio.
La questione etica è di semplice risoluzione:

CHI PARTECIPA A CAMPAGNE CHE ETICHETTIAMO COME DI INFLUENCER MARKETING DEVE CREDERE NEL PRODOTTO O NELL'AZIENDA CHE, DI FATTO, PUBBLICIZZA.

Se questa pratica è condotta in questi termini, allora è moralmente accettabile, altrimenti è una marchetta.
Molte volte mi viene chiesto di scrivere cose sul mio blog in cambio di soldi, e generalmente non lo faccio per un semplice motivo: perché penso che la credibilità di tutti noi sia la cosa più importante del mondo.
La credibilità si costruisce negli anni, giorno dopo giorno, grazie alle nostre azioni e alle nostre reazioni, ed è tutto quello che abbiamo.
Non possiamo giocare con la nostra credibilità e metterla alla berlina di qualcosa o qualcuno in cui non crediamo.
Ma c'è il rovescio della medaglia, che è la parte positiva, in effetti.
Grazie alla credibilità, che quindi è un valore, l'influencer ha costruito un grande bacino di utenti, di amici, diciamo, o di lettori, che si fidano di lui/lei. Quindi, se questo è un valore (e lo è) perché non farlo fruttare?
Perché se ci viene proposto un prodotto, per esempio, che ci piace sinceramente e con il quale ci troviamo bene, non dobbiamo avere un ritorno nel parlarne?
È su questo che baso quello che chiamo Teorema del triplo win in un'attività di influencer marketing

Primo win
L'azienda ha un ritorno di immagine e di vendite perché le persone si fidano dell'influencer.

Secondo win
L'influencer ha addirittura un doppio win, ovvero ha un ritorno dall'operazione e rende felici i suoi lettori con un prodotto/servizio valido, in cui crede.

Terzo win

L'utenza (i lettori) è felici perché da una persona di cui si fida ha avuto dei consigli ragionevoli e funzionali su cose che oggettivamente voleva o a cui era interessata.

Come vedete, non esiste un problema se non nelle persone che affrontano questo nuovo approccio commerciale in modo malato, insano e piratesco; ma confido nel fatto che gli individui che hanno raggiunto un buon livello di credibilità siano anche in grado di discriminare tra quello che è giusto fare, ciò che non è giusto e quello che è giusto farsi pagare per fare.

Per tornare alla domanda di partenza: dove sta il confine tra marchetta e influencer marketing?

Tutto dipende da quanto "credete" in quello che promuovete o da quanto ci credono gli influencer che volete "pagare" per promuovere qualcosa.

8.2 DOVE SONO COLLOCATI **GLI INFLUENCER?**

Prima di affrontare le prossime tecniche, dobbiamo concludere la parte teorica per avere il quadro più completo possibile di come individuare chi potrebbe fare al caso nostro.

Dove sono questi influencer di cui abbiamo parlato diverse volte?

Premesso che nei prossimi capitoli impareremo non solo a cercarli ma anche a trovarli (che è fondamentale) dobbiamo capire dove sono posizionati attraverso un grafico che, a mio modo di vedere,

è illuminante, anche se potrebbe sembrare del tutto scollegato dal resto del discorso.
Il bello è che gli influencer sono, da un certo punto di vista, facilmente identificabili, e da un altro punto di vista tutti "vicini".
Il lato meno edificante è che non brillano di luce propria, non suonano come una sirena e non emettono radiazioni.
Alla vista sono persone normali e come tali dobbiamo "scandagliarle" per capire se le loro caratteristiche ci possono venire buone.

8.3 L'ADOZIONE DELLE IDEE **TRA INNOVATORI E RITARDATARI**

Siamo nel 1962 e il sociologo Everett Rogers teorizza quella che in seguito sarebbe diventata nota come Curva di adozione delle idee del notissimo autore della *Mucca viola*, Seth Godin.
In pratica, Rogers si pone due domande piuttosto semplici: come vengono adottate le innovazioni? E chi le adotta?
Attenzione, Rogers parlava di tecnologia, ma Godin ha allargato questo concetto a tutti i settori della società (*figura 7*).
Se ci pensate, l'innovazione è ovunque, dalla cucina alla poesia, dalla moda all'ingegneria dei materiali.
Che cosa rappresenta questo grafico? Il modo in cui le persone assorbono e in seguito adottano un'innovazione, di qualunque genere e in qualunque settore.

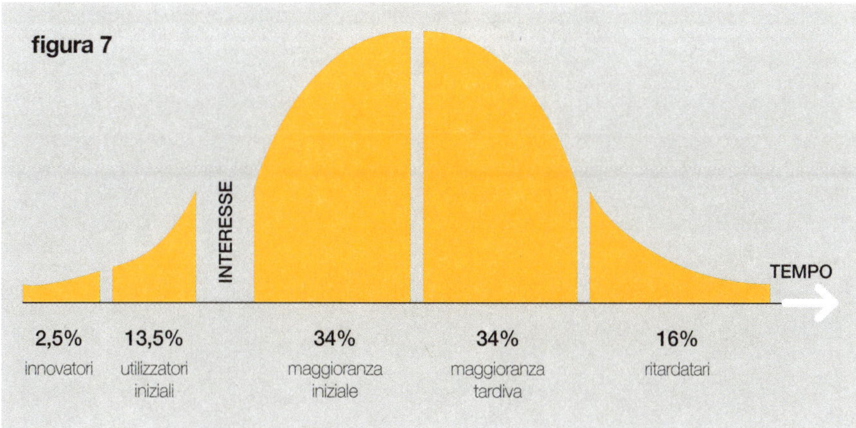

Innovatori (circa due percento)

Sono all'inizio della curva. Disponibili ad acquisire nuove soluzioni, gli innovatori possono richiedere più flessibilità e minor controllo sulle innovazioni stesse. Vogliono poter fare di testa loro, ma sono anche pronti a cambiare idea e a tornare sui propri passi in caso di insoddisfazione.

Sono tecnici, estremamente verticali e (generalmente) non divulgatori, proprio perché appunto, troppo tecnici. Sono i primi a comprare un modello di telefono per poterlo recensire o i primi a indossare un paio di stivali per poter fare colpo sugli altri, ma se questi oggetti o capi non soddisfano le loro aspettative, sono pronti a tornare indietro e ad attaccare.

Utilizzatori iniziali (circa tredici percento)

Audaci, curiosi ma non prettamente tecnici. Sono in grado di testare e "raccontare" le innovazioni e le idee suggerite. Sono abbastanza ferrati da poter giudicare un prodotto o un servizio, abbastanza comunicativi per raccontarlo, ma non tecnici come gli innovatori. Hanno la capacità di individuare i trend nascenti e di farli conoscere alla grande maggioranza delle persone, maggioranza in genere troppo distante dalle "élite" creative.

Maggioranza iniziale e tardiva mainstream (quasi settanta percento)

È la fascia di mercato che, in termini di vendite, determina il successo o l'insuccesso di un'innovazione o idea. Gli appartenenti a questa fascia hanno bisogno di sostegno dai primi adottatori in termini di supporto, "enfasi" e scelte, perché non hanno voglia, tempo o capacità per informarsi.

Sono generalmente abitudinari e prevedibili.

Se fanno parte della maggioranza precoce, si avvicinano con cauta curiosità alle novità, purché guidati. Nel caso appartengano alla maggioranza tardiva, si avvicinano con sospetto sostenendo di non essere pronti o che tutto quello che vedono sia tendenzialmente inutile, brutto o dannoso.

Ritardatari (circa quindici percento)

Tendono ad avere comportamenti stereotipati al massimo livello e adottano un'innovazione solo quando è diventata una pratica comune a tutti. Sono la rappresentazione perfetta della "riprova sociale" di Cialdini.

Ora, la domanda è: dove sono collocati i nostri influencer?
Chi pensa che potrebbero essere nella prima fascia, in quella degli innovatori, si sbaglia.
Le persone che interessano a noi, i veicoli, sono posizionati nella seconda fascia, in quella degli utilizzatori iniziali, in quel circa tredici percento di popolazione. Noi non parliamo con tutti in fase di digital Pr in startup, noi parliamo solo con quelli!
Sono ferrati ma sono bravi comunicatori, abbassano l'asimmetria informativa e sono possibili gatekeeper, visto che sono in grado di "capire" il flusso delle novità e trasmetterlo alle due maggioranze, le quali non sarebbero in grado di "tradurre" quanto detto dai tecnici perché, appunto, troppo tecnico.
La distanza tra gli innovatori e la maggioranza è siderale, sia come linguaggio che come forma comunicativa, quindi quelle tredici persone su cento sono quelle di cui la maggioranza si fida, quelli che sanno comunicare e quelli che hanno abbastanza conoscenza specializzata da essere credibili pur non essendo dei tecnici.
Quelli sono i nostri influencer.

9

CHI HA PIÙ CONNESSIONI...

9.1 Il paradosso della celebrità

9.2 La viralità

Okay, quindi è tutto bello. Più si è riconoscibili e "popolari", più si è contattabili e sovraesposti e più è possibile trovare contatti di lavoro, giusto?
No, sbagliato. Cioè, diciamo che è giusto solo in teoria, ma poi si arriva a un cortocircuito che viene definito Paradosso della celebrità, una condizione per la quale non è più possibile continuare a fare quello che vi ha portato a essere ciò che siete.
Ora, prima di gettarvi nella confusione più assoluta e non vedervi riemergere mai più, vi spiego.

9.1 IL PARADOSSO **DELLA CELEBRITÀ**

Ho scritto libri sulla "disponibilità" e sull'accessibilità delle persone, perché è un concetto che sostengo con forza. Ho sempre pensato che, in un pianeta sempre più interconnesso, ci dobbiamo ritagliare dei tempi e degli spazi solo per noi.
In pratica, dobbiamo essere disponibili, non dobbiamo essere a disposizione.
Quindi siamo gentili, rispondiamo, cerchiamo di essere molto social, ma – cosa in assoluto più importante di tutte – manteniamo un equilibrio.
Se i dispositivi mobili come gli smartphone ci dovevano liberare dal lavoro, dandoci la possibilità di lavorare ovunque, ci hanno invece messo nella condizione di lavorare sempre.
Di fatto, se vogliamo costruire una solida reputazione online che ci permetta di lavorare, dobbiamo essere raggiungibili e disponibili,

oltre che capaci e seri professionisti, ma a un certo punto sorge un problema. Ecco il circolo che da virtuoso diviene vizioso:

1. Ti formi e ti informi per riuscire a diventare un punto di riferimento del tuo settore (qualunque esso sia).

2. Inizi a tenere un blog, per esempio, oppure a scrivere sui social, a condividere il tuo sapere con gli altri.

3. Con il tempo e la fatica inizi a importi come punto di riferimento del tuo settore (diventi un gatekeeper) e le persone, che si fidano sempre più di te, vogliono comunicare con te.

4. Le persone vogliono comunicare con te per "lavoro", ma non solo: vogliono molto altro – e giustamente, visto che sei un punto di riferimento. Vogliono le tue opinioni, oppure cercano di "scroccarti" una consulenza. Ci sono quelli che ti vogliono bene e ti chiedono come va; quelli che non ti vogliono bene ma ti chiedono lo stesso come va; quelli che ti offrono lavori assurdi; quelli che "guarda il mio progetto e dimmi cosa ne pensi"; quelli che hanno tre minuti liberi e hanno voglia di farti un saluto; quelli che ti chiamano per chiederti se hai cinque minuti liberi che, sommati a tutti gli altri che ti hanno preso cinque minuti liberi, sono diventati ore.

5. A questo punto inizi, per forza di cose, a discriminare. Sei al collasso, non puoi parlare con tutti, non puoi rispondere a tutti e non puoi fare tutto questo e contemporaneamente lavorare nel settore che ti ha permesso di arrivare a tanto.

Dopo il punto 5, la situazione va in cortocircuito, viene meno il dialogo, viene meno la conversazione e quindi la linfa stessa di tale lavoro: la relazione.
Ecco perché i personaggi molto noti del web spesso non rispondono, perché non possono farlo con tutti, con il risultato che l'interazione e la relazione che li hanno portati a essere "famosi" vengono meno a causa della loro stessa fama, del loro stesso lavoro.
Hanno lottato per diventare qualcosa attraverso una strada che sono costretti a rinnegare.
Questo è un paradosso inevitabile ma che dobbiamo spingere il più in là possibile nel tempo, che dobbiamo rimandare, perché l'accessibilità è uno dei segreti dei migliori blogger e opinion leader della rete. Osservateli e comprenderete quanto amano e tengano in considerazione il loro pubblico.
Le persone che ci seguono, che ci stimano o che ci criticano, meritano la nostra attenzione e una piccola parte del nostro tempo.

NON DOBBIAMO MAI FARE PESARE AGLI ALTRI I NOSTRI IMPEGNI.

Anche se siamo pieni di cose da fare, oberati, incasinati non dobbiamo mai farlo pesare agli altri ammorbandoli o, ancora peggio, cambiando il nostro atteggiamento.
Se non riusciamo a gestire gli impegni e il tempo, è un problema nostro, non dell'interlocutore.

9.2 L'IMPORTANZA **DEGLI SNODI**

Per concludere la parte teorica non poteva mancare un breve passaggio sull'importanza straordinaria che hanno gli snodi della rete, quelle persone che sono in grado di cambiare non solo i nostri punti di vista, ma la nostra visione e, a volte, anche i nostri comportamenti.
Come abbiamo già detto, circa i due terzi dell'economia sono influenzati da consigli personali.
Otto persone su dieci si fidano dei consigli delle altre persone e circa uno o due individui, a oggi, si fidano della pubblicità.
Mi sembra non ci sia molto da aggiungere.
Se volete vendere, dovete trasmettere credibilità e fiducia.
È quella che a me piace chiamare Rivoluzione TripAdvisor, della quale in parte abbiamo già parlato all'inizio.
Pensateci, perché fino a non troppi anni fa era del tutto inimmaginabile.
Prima di andare in un ristorante o in un albergo per le ferie, tutti noi facciamo un passaggio su siti come Booking o TripAdvisor, e lì succede qualcosa che ha dell'incredibile: se un tale, che per quello che ne sappiamo potrebbe essere il più grande imbecille del pianeta, scrive che si è trovato bene (o male), noi tendiamo a credergli.
Se le persone che lasciano un commento o una recensione sono tantissime, allora siamo quasi certi che le cose stiano come dicono loro, anche se non li conosciamo.
Ma tutto ciò ha dell'incredibile!

Perché avviene? Il motivo è semplicissimo e lo abbiamo spiegato nei capitoli precedenti: cooperazione, ricordate?
Faccio una cosa perché confido nel fatto che anche gli altri si comportino allo stesso modo, aiutandomi nelle scelte; e do il meglio di me, sperando che anche altri utenti della rete mettano in gioco tutte le loro qualità. Non sono pagato per pubblicare delle recensioni, le scrivo solo per gli altri e per il mio ego, per sentire di avere il potere su qualcosa.
Questi comportamenti sono profondamente sociali e radicati, non hanno bisogno di essere spiegati o calibrati o gestiti, ma sono automatici: se da una sala di un matrimonio andiamo in bagno tutti insieme, ci metteremo in coda. E perché lo facciamo, visto che non ci sono cartelli che ci dicono di farlo o poliziotti che ce lo impongono? Lo facciamo perché stiamo cooperando, perché auspichiamo che anche gli altri facciano la stessa cosa, perché il tessuto sociale si basa su questo e noi ne parte.
Questi meccanismi sono sempre esistiti, ma adesso, grazie alla grande arena del web, sono molto più evidenti e potenti.
Se quello che abbiamo appena detto è vero per le persone "normali", figuratevi quando a mettere una "recensione" o a scrivere di qualcosa è qualcuno di cui non solo ci fidiamo ma che pensiamo sia capace e ferrato nel suo campo: la forza "commerciale" è deflagrante.
Se abbiamo scelto qualcuno, anche inconsciamente, come nostro punto di riferimento, in funzione di gatekeeper, ci fidiamo di lui molto più del logo dell'azienda che rappresenta; molto più rispetto alla marca della quale parla.

NOI CI FIDIAMO DELLE PERSONE, DELLA LORO VOCE, NON CI FIDIAMO DEI MARCHI, O ALMENO NON QUANTO DELLE PERSONE.

Prima di passare dalla teoria alla pratica, prima di apprendere ogni passaggio successivo, vi dovete rendere conto che è di persone e con persone che parlate, e che vende di più una faccia di un logo.

9.3 LA **VIRALITÀ**

Un breve passaggio lo dobbiamo dedicare alla viralità, una delle parole senza dubbio più abusate nel panorama internet moderno.
Il marketing virale sfrutta la potenza comunicativa e il bacino di utenza di pochi individui per trasmettere un messaggio a un numero elevato di utenti.
La modalità di diffusione del messaggio segue un profilo tipico che presenta un andamento esponenziale.
Molte aziende promettono di produrre contenuti virali, ma la realtà è che nessuno è in grado di sapere se un messaggio diverrà o meno tale.
È più corretto dire che si generano contenuti potenzialmente virali.
Ma quindi, quali sono gli ingredienti della viralità, cioè dell'esplosione

di qualcosa in modo del tutto incontrollato e repentino?
Nessuno lo sa, e questo è un fatto incontestabile, ma ho provato a tracciare cinque punti che possano essere comuni a tutti i contenuti potenzialmente virali.

1. La personalizzazione

Se quello che postate è "personale" e vi riguarda da vicino, gli utenti si sentiranno coinvolti, in parte perché sono esperienze vissute anche da loro, in parte per poter saziare il voyeurismo (quello buono, non quello pruriginoso e malsano) che fa parte di tutti noi.
La curiosità di vedere la vita degli altri è un motore potente.

2. La spiegazione

Se si tratta di una foto o di un video (che non sia un tramonto), una breve descrizione con parole veloci e incisive è fondamentale. Se riuscite a essere anche ironici, avete centrato il punto. Ricordate sempre che la gente sui social ha voglia, prima di tutto, di divertirsi.

3. La diatriba sociale

All'interno della descrizione deve essere presente un chiaro desiderio di schierarsi. Schierandoci portiamo alla luce le diatribe sociali e i tabù nei quali tutti i giorni c'imbattiamo, e così facendo connotiamo, in modo forte, la nostra appartenenza. Le persone non hanno solo voglia di leggere un'informazione, vogliono una notizia, che per sua natura è connotata.
Alle persone piace sentirsi dire cosa pensare perché creano e solidificano le proprie opinioni in base a quelle degli altri (ricordate la persuasione e la riprova sociale?).

4. Il cardine sociale

Tutto deve girare attorno a un cardine socialmente riconosciuto. Il matrimonio, l'unione tra le persone, è uno dei più potenti. Potenti e positivi. Oppure la nascita della vita, il duro lavoro, la famiglia e così via. Alle persone non piace riconoscere un cardine sociale negativo, perché tendono a identificarsi con quello che vedono. Se vedono cose positive, partecipano; se vedono cose negative, lo faranno meno. È il principio dell'empatia.

5. La provocazione

La provocazione genera dibattito e il dibattito è la benzina dei social. Si deve solo fare attenzione a non trascendere nella brutalità, nell'offesa, nel sarcasmo o in qualcosa che possa essere offensivo o lesivo per qualcuno. Non è per nulla facile essere provocatori.

Ovviamente non tutte queste cose devono per forza essere presenti insieme, ma è possibile che, insieme, siano più deflagranti. Allo stesso modo esistono video con musiche stupidissime che hanno come soggetti solo delle spiagge, ma nonostante ciò riescono a diventare così virali da totalizzare milioni di visualizzazioni. Quindi è evidente che non esistono regole generali per la realizzazione della viralità.

SECONDA PARTE

tecniche

10 STRUTTURE SOCIALI DIGITALI: I SOCIAL MEDIA

10.1 Social network: cosa sono e in cosa sono diversi

10.2 Blog

10.3 Wiki

10.4 Forum

Abbiamo visto perché le persone si comportano in determinati modi. Abbiamo capito le dinamiche che spingono tutti noi ad avvicinarci a un gruppo anziché a un altro e abbiamo imparato a capire l'importanza delle persone. Adesso, però, visto che parliamo di digital Pr, dove per digital si intende qualcosa che passa su sistemi digitali, dobbiamo trattare le differenze che ci sono tra le piattaforme.
Dobbiamo capire di cosa stiamo parlando ed etichettare le attività future in modo corretto e funzionale al nostro unico scopo: vendere, qualunque cosa sia.
Quando parliamo di internet, parliamo di un'infrastruttura tecnologica "abitata" da individui, utenti, persone; quindi di un'infrastruttura organica, oltre che tecnologica. Okay, ma le persone, quindi la parte organica, dove si trova online? Abbiamo analizzato quasi tutti i *perché* e i meccanismi che spingono gli individui a condividere, ma non abbiamo visto dove lo fanno. E dal *dove* dipende anche, ovviamente, il *come*.
Cerchiamo di capire cosa sono i social media, quel "luogo" online che abbiamo già citato diverse volte. Quando dico social media vi viene in mente Facebook, immagino. Ecco, è giusto, ma anche sbagliato.
La locuzione social media è molto generica e indica un insieme di tecnologie, pratiche e metodi che le persone utilizzano online per condividere e trattare i loro contenuti (che possono essere testuali, immagini, video, audio o embedded).

10.1 SOCIAL NETWORK: **COSA SONO E IN COSA SONO DIVERSI**

Un social network, in italiano declinato in servizio di rete sociale, è un sottogruppo dei social media, e ha quindi caratteristiche diverse da questi ultimi. È una piattaforma software di proprietà di una società o di un privato che permette la creazione di un profilo personale pubblico (completamente o in parte), all'interno di un sistema vincolato da regole e condizioni.
Permette anche la creazione di una lista di contatti che possono o meno essere visualizzati da altri, in base alle regole di cui sopra o alle scelte personali di ognuno di noi.
Facebook, a oggi, è certamente il re di tutti i social e viene definito "sincrono". Le amicizie sono biunivoche, cioè se si dà l'amicizia si vede quello che l'altro vuole che si veda e si mostra il proprio profilo (esiste anche un "segui" ma in questo libro non ci interessa).
Per dare l'idea delle dimensioni del Social blu, il 24 agosto 2015 un miliardo di persone si è connessa, lo stesso giorno. Un terrestre su sette.
Nasce come social in cui l'interazione avviene, almeno inizialmente, tra persone che si conoscono già.
Potete creare un profilo personale o una pagina aziendale con i quali interagire con le altre entità, che saranno a loro volta pagine o profili.
All'interno del social la visibilità dei contenuti è regolata da un algoritmo che misura le nostre affinità, i nostri gusti e le persone con le quali parliamo.

DI FATTO, NON SIAMO NOI A DECIDERE QUELLO CHE VEDIAMO, MA È FACEBOOK, IN BASE A QUELLI CHE LUI PRESUME SIANO I NOSTRI GUSTI.

Twitter è invece un social asincrono, ovvero possiamo decidere di seguire qualcuno che però non segue noi. Su Twitter ci sono due tipologie distinte di persone: gli informer, che condividono informazioni più o meno generiche, e i meformer che parlano di se stessi.
È una piattaforma broadcasting, più che un social; quindi "uno a molti", più vicina alla tv, come forma comunicativa, che non a Facebook, per esempio. Ha una spiccata tendenza all'omofilia (amore dell'uguale): ciò vuol dire che porta gli utenti a creare legami con i propri "simili" (blogger con blogger, vip con vip ecc.).
Poi abbiamo LinkedIn, con un taglio molto più professionale rispetto ai primi due, e Snapchat, che è del tutto diverso, perché le persone possono vedere i contenuti di utenti che hanno seguito.
Ognuno di questi social, così come il visuale Instagram, per esempio, ha una connotazione e una vocazione diverse dagli altri. Twitter va benissimo per informare e per il customer care, Facebook per avere un bacino "popolare", LinkedIn per dare un taglio professionale alla comunicazione sia privata che aziendale, Instagram per prodotti puramente visuali o con target giovane, e Snapchat per parlare ai teenager. Ognuno va studiato, capito, analizzato e scelto in base

alle nostre necessità e ai nostri prodotti, con i metodi che vedremo in seguito.
Un consiglio che do sempre, in ottica di utilizzo delle risorse, è questo: non ha senso presidiare per forza tutti i social, visto che (purché non siate Microsoft o non abbiate i fondi di FCA) è bene concentrare le energie nei canali che ci portano una maggiore conversione, cioè un maggior ritorno sull'investimento che stanziamo all'inizio.

10.2 BLOG

I blog sono certamente le entità e i contenitori presenti online più prestigiosi e più longevi.
La nascita del blog, anche se sappiamo bene che è sempre difficile datare questo genere di cose, si pone orientativamente attorno alla fine degli anni novanta negli Stati Uniti d'America e diventa un potentissimo fenomeno di costume nei primi anni Duemila anche in Italia, dove dà origine a milioni di siti e, di conseguenza, dà i natali a milioni di blogger.
Ma cos'è un blog?
Di fatto, è un sito web in cui, generalmente, una o più persone producono i contenuti che sono presentati in ordine anti-cronologico, ovvero dal più nuovo al più vecchio.
Questa definizione potrebbe apparire vaga, ma è esattamente così.
Esistono video blog in cui i blogger producono, appunto, video, oppure esistono blog classici in cui il testo la fa da padrone; oppure esistono blog i cui contenuti sono solo fotografici, ma per convenzione definiremo blog un luogo in cui uno o più blogger trattano (in varie forme) argomenti definiti.

Una delle caratteristiche dei blog è infatti la tematizzazione, quella che tecnicamente viene definita verticalità contenutistica. In pratica, il blogger parla sempre di un determinato macro argomento, come per esempio motori, politica o moda.
Questa verticalità di contenuto permette al blogger di accrescere la propria credibilità restringendo il campo di azione (visto che sarebbe difficile essere esperti in moltissimi settori) e permette al lettore di scegliere quale blog leggere in base alle proprie passioni o alle proprie necessità.
Se volessimo informazioni sulla dieta vegana, non avrebbe senso leggere un blog di motori, per capirci. La verticalità contraddistingue gran parte dei blog e dei blogger, creando eserciti di micro esperti.
Esistono blog su ogni cosa, dalle cravatte ai cavalli, dalla tecnologia all'influencer marketing, dallo sport in generale fino a quelli di nicchia.
Anche i blog sono contraddistinti dalla possibilità di commentare o condividere i contenuti prodotti. Non sono comunicativamente a senso unico, ecco perché vengono annoverati nella "lista" dei social media.

10.3 WIKI

Noi pensiamo che Wikipedia sia un caso pressoché isolato, ma non è così. In realtà MediaWiki è una piattaforma Cms (Content management system), libera e gratuita, distribuita per la produzione di siti detti appunto Wiki, in cui i contenuti vengono creati e gestiti dagli utenti che ne hanno le capacità, oltre che la voglia.
Wikipedia è uno dei moltissimi Wiki presenti in rete.

10.4 FORUM

Il forum è stato uno dei primi esempi di quello che oggi definiamo web 2.0 (anche se, in realtà, nessuno sa bene cosa significhi). Si tratta di quel web che, grazie a un insieme di tecnologie particolari, ci permette di condividere e comunicare a doppio senso di marcia, come appunto commentare nei blog o compilare i Wiki. Viene detto anche web dinamico ed è l'evoluzione del primo embrione di web, un'enorme piattaforma su cui nessuno poteva fare assolutamente nulla.
Ecco, i software per costruire i forum sono stati tra i primi a uscire da questo brodo primordiale, dando vita a luoghi virtuali, vere e proprie "piazze" (da cui il nome) in cui le persone si sono radunate nelle prime grandi comunità online, aggregandosi attorno alle proprie passioni.
Ricordate, vero, gli insiemi di senso? Ecco, i forum sono nati attorno a quel principio di condivisione e accrescimento, diventando i primi grandissimi insiemi di senso, i primi cluster e le prime community.
Oggi stanno vivendo un periodo di crisi per via della grande esplosione dei social network, ma alcuni di questi prosperano ancora, grazie alle enormi community che si sono create negli anni, community di appassionati di ogni tipo che non vogliono abbandonare un contenitore a loro familiare. Esistono forum con community su ogni cosa, dai camperisti agli appassionati di Seo.

11 LA "QUALITÀ" DEGLI UTENTI E DELLE LORO AZIONI

Non vi arrabbiate per il titolo di questo capitolo, vi prego. Per qualità non intendo assolutamente "qualità umane", o cose simili, ma intendo le qualità che noi siamo in grado di identificare e misurare in ottica di digital Pr.
Come ovvia conseguenza delle strutture sociali digitali appena discusse, avremo una presenza umana dentro queste scatole, degli abitanti dei social media (come appunto blogger, autori di Wikipedia o semplici lurker, tutti potenziali "target di riferimento").
Vediamoli.

11.1 INATTIVO

È un utente consapevole del settore in cui operiamo, o almeno consapevole della sua esistenza, ma del tutto disinteressato o quantomeno inattivo.
Non è detto che non ci interessi, attenzione. Infatti il nostro utente inattivo potrebbe non essere interessato al nostro settore di appartenenza perché non sa che cosa potrebbe fare con quello che abbiamo da proporre, o non sa quali siano le molteplici sfaccettature dei nostri servizi.
Diciamo che **l'utente inattivo è praticamente disinteressato ma potenzialmente interessato:** se solo riuscissimo a comprendere le sue necessità, sapremo anche quale servizio offrirgli, no?

11.2 CONSAPEVOLE

Il nostro utente consapevole sa che esistono i nostri prodotti e servizi, ma non ne parla o non ne discute online in modo incisivo o "importante". Diciamo che considera il settore, il servizio o il prodotto non così centrali nella sua vita da parlarne.
Fate attenzione, perché non è detto che non sia un potenziale cliente o addirittura un cliente vero e proprio!
Se usate il detersivo per piatti XYZ da vent'anni, probabilmente lo date per scontato e non ne parlerete sui social o nel vostro blog, sempre che non accada qualcosa di particolare o che non vi paghino per farlo, oppure sempre che non vogliate fare qualcosa fuori dall'ordinario.
Ecco perché, pur essendo un cliente, probabilmente genererete solo brusio, quando è grasso che cola.

11.3 AMPLIFICATORE

Un amplificatore è, come dice la parola stessa, un individuo che è in grado di dare voce a un messaggio, amplificandolo.
Potrebbe trattarsi anche di qualcuno che non fa parte del nostro "giro".
Per esempio, se Vittorio Sgarbi parla di automobili e ne fa la pubblicità, non lo fa perché è un meccanico o un esperto di motori, ma perché è in grado di amplificare un messaggio.
Ecco, in ambito online un amplificatore è una persona con un megafono in mano, in grado soprattutto di rilanciare uno o più contenuti di altri.
Quindi non è necessariamente un generatore di contenuti.

11.4 SOSTENITORE (O EVANGELIST)

Lo so, la definizione evangelist potrebbe fare impressione, ma in realtà qui la vogliamo usare in modo del tutto svincolato dalla sacralità alla quale è in genere confinata.
Gli evangelist sono utenti generalmente molto convinti di un marchio o di un prodotto, che ne sostengono con forza la superiorità, attraverso una potente e continua operazione di persuasione.
Attenzione: non stiamo parlando di convincere, ma di persuadere.
I sostenitori sono importantissimi per le aziende e a volte sono dei portavoce senza saperlo. Grazie al principio che abbiamo spiegato in precedenza, quando una persona fa una scelta cercherà di confermarla a se stesso e agli altri per un tempo pressoché illimitato, proprio perché a nessuno piace avere torto e pensare di aver preso decisioni sbagliate.
L'evangelist ama davvero il marchio. Spesso è molto ferrato sull'argomento di cui è appassionato e, per questo, è molto influente verso i propri lettori. Pur non essendo scelti direttamente dall'azienda, scelgono l'azienda come punto di riferimento sul mercato che rivendicano con fierezza.
Il sostenitore ha un suo similare, ma antagonista: il fan boy.
Il fan boy spesso non capisce nulla del settore, di un prodotto/servizio o di un brand, ma lo sostiene ugualmente per motivi spesso sconosciuti. Sono persone *innamorate*, ma che non sono in grado di amplificare o fare manovra persuasiva, perché non sono ferrati sull'argomento e quindi non sono credibili.
Avere eserciti di fan boy va benissimo, ma avere eserciti di evangelist è meglio.

11.5 AMBASSADOR

L'ambassador è la persona che forse più si avvicina a un testimonial, nella nostra particolare "classifica", visto che si tratta di un utente che ha una naturale identificazione con i valori del brand e quindi viene scelto dallo stesso come veicolo di promozione e di informazione.
Non si tratta, come negli altri casi, di utenti che devono essere individuati dalle aziende, ma di utenti che sono già stati scelti come promotori di ideali, più che di prodotti.
La grossa differenza rispetto al testimonial è che, in ambito web, l'ambassador è legato al settore di appartenenza del marchio, ne fa parte e ne è in genere un esperto, mentre il testimonial può essere una "semplice" celebrità che non per forza incarna gli ideali di un'azienda.
Per capirci, Bruce Willis non incarna gli ideali delle aziende che vendono telefonia, così come Clooney non incarna quelli di chi vende caffè, ma sono comunque ottimi testimonial, anche se non li vedrete mai a delle conferenze per parlare di 4G o di caffeina solubile.
Al contrario di questi, un atleta come Michael Jordan è un perfetto esempio di ambassador per Nike, perché incarna la visione dell'azienda e anche il percorso che questa compie per portare a termine la missione. Come a dire: Jordan lo potreste vedere a una conferenza per parlare del prodotto che promuove perché lo rappresenta in pieno.

12

METTERSI AL CENTRO DELLA PIAZZA PER ASCOLTARE TUTTI

L'inbound marketing è composto da un insieme di attività che non sono pensate per inseguire i clienti, ma per far sì che i clienti vengano da noi, quindi per **trasformarci da "cacciatori di farfalle" a "giardino" frequentato dalle farfalle per loro stessa volontà,** con fiducia e tranquillità. Quello che dico sempre è che la prima fase dell'inbound è l'ascolto, e tutti mi guardano come se fossi uno scemo.

Sì, perché, lo sappiamo, l'ascolto è una pratica che esiste da sempre, non è una novità.

Tutti, da sempre, ascoltiamo; e, in base a quello che sentiamo e in seguito capiamo, prendiamo delle decisioni, così come hanno sempre fatto anche le aziende prima della nascita di internet.

Si prende un campione di clienti, o potenziali tali, li si "intervista" con domande specifiche e di conseguenza si ascolta il nostro eventuale target. Punto.

Ma sappiamo benissimo che intervistare qualcuno per dare un valore statistico alle sue risposte non è come porre le domande a un interlocutore che conosciamo benissimo, per esempio a un nostro amico. Se conosciamo bene una persona, sappiamo cosa vuole, quando e perché, e lo sappiamo perché l'abbiamo ascoltata, ma ascoltata sul serio, per un periodo relativamente lungo.

LE RISPOSTE VERE VENGONO DA CONVERSAZIONI VERE, NON DA INTERVISTE.

Ecco, grazie al web è possibile ascoltare in "modo nuovo", e anche le aziende lo possono fare. Equivale a mettersi al centro di una piazza e ascoltare le conversazioni di tutti, traendo solo i passaggi che interessano al nostro business.

12.1 "ASCOLTARE" LA RETE **CON ORECCHIE NUOVE E SELETTIVE**

Quando ho raccontato questa cosa al mio commercialista per fargli capire le voci di alcune fatture mi ha risposto: "Ah, ma allora voi ascoltate le telefonate delle persone". Ehm... no, forse è meglio spiegarsi bene prima di trovare la Nsa fuori dalla porta.
Facciamo chiarezza. Nessuno è qui per spiare nessuno o per fare cose che potrebbero ledere la privacy o tantomeno la dignità delle persone. Noi siamo qui per lavorare, e per farlo non abbiamo bisogno di "sparare nel mucchio", ma di sapere e conoscere in profondità con chi stiamo parlando.
Ora, torniamo alla nostra piazza. Ammettiamo per un attimo di poter ascoltare tutti e di tutti comprendere voglie, necessità, sogni e bisogni. Con i sistemi tradizionali, un'operazione simile potrebbe esser fatta su una piccola percentuale di persone che passano nella nostra piazza, e ciò comporterebbe un costo, in termini di fatica e risorse, a dir poco enorme.
Se invece potessimo sistemarci al centro della piazza, ascoltare le conversazioni pubbliche, selezionare solo quelle che c'interessano perché inerenti al nostro lavoro e intercettare le persone davvero

interessate al prodotto/servizio che abbiamo in tasca, oltre a quelli che già lo usano e sono potenziali influencer?
Bene, grazie alla rete e ai software questo è possibile, piuttosto semplice e alla portata di tutti.
La netnografia, dice l'enciclopedia Treccani, è "uno strumento di ricerca qualitativa che intende individuare i processi culturali che avvengono in rete, un metodo ibrido che, attraverso l'uso combinato e 'promiscuo' di varie tecniche di ricerca (osservazione diretta delle community online, focus group digitali, interviste faccia a faccia, via e-mail o chatroom, survey, ecc.), cerca di giungere a una conoscenza integrata della realtà al di qua e al di là dello schermo".
In ottica digital Pr, ciò significa

IMMERGERSI NELLE CONVERSAZIONI DEGLI UTENTI DELLA RETE PER POTERNE ESTRAPOLARE INFORMAZIONI SIGNIFICATIVE CHE POSSANO ESSERE CONVERTITE IN DATI UTILI AL DIALOGO,

ai rapporti interpersonali o a fini commerciali.
Ma come funziona questa cosa?
Avete presente come funziona Google? Questo non è un libro sulla Seo (Search engine optimization), quindi non voglio scendere nel dettaglio, ma vi voglio spiegare nella pratica e in modo semplificato cosa accade.

I motori di ricerca utilizzano dei bot, cioè dei software che emulano il comportamento umano, per "leggere" i siti web e per trarne l'indice ordinato che tutti conosciamo e vediamo quando facciamo una ricerca.
Questa attività viene detta web scraping e, in estrema sintesi, consiste nell'estrapolazione di dati da un sito web (quindi anche da un social) attraverso un software: Google manda in giro il bot che fa scraping e "riporta" i dati che vengono in seguito valutati. Concettualmente è semplice, ma se il bot è di Google, allora è Google che detta le "regole di comportamento" del bot, non siamo noi. Quindi siamo punto e a capo.
Come possiamo far applicare la netnografia attraverso lo scraping, se non siamo Google?
Esistono dei software che vi danno la possibilità, in modo semplice e veloce, di creare i vostri bot e di mandarli in giro per la rete come fosse una persona fidata, ma in modo più efficiente e veloce, per ascoltare quello che accade, estrarre le parti interessanti e riportarle a casa affinché vengano vagliate.
È difficile fare un elenco dei programmi che facciano al caso vostro, perché sappiamo che un libro invecchia più in fretta del mondo software che lo circonda, ma applicativi quali Radian6, Talkwalker, Digimind o l'ottimo Mention sono potenti sistemi per ascoltare i vostri potenziali consumatori.
L'uso è piuttosto semplice. Si creano delle query, ovvero delle richieste, delle parole che il software deve andare a cercare per noi; poi si dice al software dove cercarle, se solo nei blog, oppure anche su Twitter e Facebook, o solo su Instagram, o soltanto sui siti di

news. Attraverso degli "operatori", si "puliscono" i dati di ritorno in modo da non avere rumore di fondo, ossia dati non pertinenti con i nostri interessi.
Se per esempio sono interessato a cercare tutti quelli che parlano dei cappellacci, un piatto tipico ferrarese, e imposto la query "cappellacci" nel software, allora importerò anche tutti i dati riguardanti Ugo Cappellacci, noto politico sardo (che ai fini della mia ricerca non serve a nulla).
Quindi, per ovviare al problema, userò degli operatori come "not", oppure "or": in questo caso la mia "programmazione del bot" dovrà essere effettuata utilizzando la query "cappellacci 'not' 'Ugo Cappellacci'", e in questo modo dirò al tool di cercare solo nelle frasi o nei contenuti che non hanno la parola "Ugo" affiancata a "cappellacci" al loro interno.
Non è detto che tutti i programmi funzionino nello stesso identico modo. Lo so, sembra complesso, ma non vi preoccupate, perché ognuno di questi software funziona con un sistema basato sugli stessi principi, quindi è bene sapere che per avere risultati bonificati dal rumore di fondo dobbiamo strutturare in modo consono e corretto le query con le quali otterremo i nostri risultati.
Esistono anche software che, dato un argomento o un insieme di contatti di partenza, ci forniscono gli influencer di riferimento, cioè trovano immediatamente le persone che sono in grado, attraverso fiducia e credibilità, di arrivare a moltissime altre persone con segnali forti e chiari sul nostro prodotto o servizio. Ma di questo parleremo in seguito.
Una delle cose migliori di questi tool (anche Google Alert ne

è un esempio, ma piuttosto semplice) è il fatto che dispongono di alert, e quindi avvisano in caso di necessità o nel caso in cui qualcuno parli di noi.
Definiamo quando e come i software debbano mandarci un'email (per esempio tutti i giorni oppure appena avviene un cambiamento) e in questo modo siamo sempre coscienti di quello che accade intorno a noi.
Ricapitolando, la **netnografia** è la "teoria di ricerca" che intende individuare i processi che avvengono in rete cercando di giungere a una conoscenza integrata della realtà, mentre lo **scraping** è la messa in pratica, ovvero l'utilizzo di un software per ascoltare le conversazioni pubbliche delle persone.

12.2 CIRCOSCRIVERE **IL CAMPO DI AZIONE**

Come possiamo mettere in pratica quanto abbiamo appena visto? Facciamo un esempio. Sono un produttore di alimenti tipici ferraresi, sono specializzato nella lavorazione della carne e nei primi piatti (come cappellacci di zucca, salama da sugo o salame zia). Non mi occupo di quello che viene dal mare, come le vongole che sono preziose e ottime nella parte marittima di Ferrara, ma solo e prettamente di "frutti della terra" e mi preoccupo di capire come posso espandere il mio business. La prima cosa che mi viene in mente è aprire un e-commerce, perché adesso vendo ottimi prodotti tipici che faccio io, ma solo a chi passa davanti al mio negozio, quindi con un e-commerce avrei la possibilità, potenzialmente, di vendere in tutto il mondo.

Giusto? Sì, in teoria, ma c'è sempre quel "potenzialmente" che ci frega, perché prima di investire in un e-commerce

DEVO CAPIRE SE ESISTE UN MERCATO PRONTO A RICEVERE LA MIA OFFERTA.

Qui ho bisogno della netnografia e dello scraping.
La prima cosa da fare è raccogliere l'elenco di tutti i prodotti tipici di Ferrara. In questo caso è semplicissimo, basta andare sul sito del comune o della provincia per trovare tutto quello che ci serve.
Poi apro il mio software e inizio a comporre le query come scritto in precedenza, cercando di evitare il rumore, e attendo i risultati.
Quali saranno e come saranno composti questi risultati?
In genere, i software ci forniscono un insieme di dati che riguardano gli ambiti o i contesti in cui si è parlato di un determinato prodotto o servizio (che non è detto che sia per forza il nostro brand, ma può essere anche il nostro settore di appartenenza), quanto se n'è parlato, come e da chi.
In pratica siamo in grado di circoscrivere con precisione il nostro campo di azione sentendo chi dice cosa e dove.
Okay, torniamo all'esempio dei prodotti tipici ferraresi. L'attività di scraping rilascia dei risultati che non sono quelli che mi aspettavo, nel senso che mostra che molte persone parlano di prodotti tipici di Ferrara, ma sono tutti ferraresi che non comprano online i prodotti tipici, perché hanno il rivenditore di fiducia sul territorio e quindi ne

parlano solo in ottica di curiosità e non di acquisto (per esempio, si domandano: "Quanto sale mette tuo zio nei cappellacci di zucca?"). Ma allora sono punto e a capo e l'attività non è servita a nulla?
No, anzi! Lo scraping mi ha fatto capire che non esiste un mercato online per i prodotti tipici di Ferrara e che fare un e-commerce, adesso, potrebbe non avere alcun senso, perché non ho clienti potenziali. Quindi, mi ha fatto risparmiare migliaia di euro e mi ha mostrato la strada da seguire: consapevolizzare il mercato che, al momento, è vergine. Di fatto, in questo caso, nessuno comprerebbe i prodotti di Ferrara, perché nessuno li conosce, tranne i ferraresi che però non li comprano online.

12.3 CON QUANTE PERSONE PARLO? **E CHI SONO?**

Okay, non faccio un e-commerce: in effetti, per esempio, fare un e-commerce che vende mozzarella di bufala sarebbe tutto un altro discorso, visto che è un prodotto planetario e conosciuto in tutto il mondo, quindi prima di vendere il mio prodotto locale devo far diventare la salama da sugo la nuova mozzarella di bufala planetaria. Ma come?
Avete mai pensato a come generalmente venite a conoscenza di novità di ogni tipo, che vanno dalla cucina alla tecnologia, o a qualsiasi settore che vi interessa? Ne venite a conoscenza attraverso gli altri, tramite le chiacchiere, e in particolare attraverso i canali social e i blog. Perfetto. Quindi, se dobbiamo arrivare a vendere un prodotto, e prima

lo dobbiamo far conoscere, è ragionevole pensare che avremo bisogno di un veicolo, di una o più persone che siano credibili e che abbiano un bel bacino di utenza su cui "scaricare" le informazioni.

MA DOBBIAMO FARE MOLTA ATTENZIONE ALLE PERSONE CON LE QUALI CI APPROCCIAMO, PERCHÉ NON TUTTI QUELLI CHE PARLANO DI UN PRODOTTO, O DI UNA TIPOLOGIA DI PRODOTTI, LO FANNO PER PARLARNE BENE.

Se, per esempio, leggo il blog vegano più seguito in Italia, è ragionevolmente impossibile che lì si parli della salama da sugo in maniera vezzeggiativa...
Quindi le informazioni utili che devo estrapolare dallo scraping sono: dove si parla di qualcosa; chi ne parla e come. In base a queste informazioni, deciderò se cominciare subito a vendere o se prima è il caso di informare.

12.4 CHI INFLUENZA **CHI**

È ormai evidente che i dati che abbiamo estrapolato identificano la figura del fantomatico influencer, il quale deve essere misurato in base al numero di persone che è in grado di raggiungere e alla loro

qualità, e sulla base della tipologia di contenuto con cui le raggiunge. Se, riferendoci di nuovo al nostro esempio dei prodotti tipici, gli influencer che individuiamo sono due, uno che parla di tecnologia ma ogni tanto divora anche una salama da sugo e uno che fa il cuoco ed è "leader" di uno o più cluster o addirittura community di appassionati di cibo, a parità di persone raggiunte quale dovremmo scegliere?
Certamente quello che parla al nostro potenziale pubblico, quello all'interno di community riferite alla cucina.
Questo non vuol dire che gli appassionati di tecnologia non vogliano la salama da sugo, ma in base alla Curva di adozione di Rogers che abbiamo guardato alcuni capitoli fa, noi dobbiamo parlare agli utilizzatori precoci, quindi ai punti di riferimento delle community che, ragionevolmente, non si occupano di social media marketing, ma di cucina a livello evoluto, professionale, sperimentale e avanzato. Una volta portata a temine questa attività di scraping, siamo in grado di monitorare il buzz attorno a un determinato argomento e agli individui che lo accendono. Il buzz, lo ripeto, non deve essere necessariamente sul nome della nostra azienda, ma potrebbe essere sul nostro settore di competenza. Per capirci, se produciamo costumi da mare, quello che vogliamo è individuare gli interessati al prodotto e le loro necessità, non per forza quelli che ne parlano, anche se, ovviamente, è una cosa importantissima da inserire nel monitoraggio.

13 COME SCEGLIERE UN INFLUENCER?

13.1 Popolarità

13.2 Ingaggio

13.3 Canali

13.4 Misurare numeri e dati

Prima di fare ogni tipo di attività che ci potrebbe venire in mente, dobbiamo essere in grado di misurare le persone che vorremmo la portassero avanti. Quindi in questo capitolo misureremo i nostri potenziali veicoli commerciali. Esistono tre diverse tipologie di misurazione delle persone che vivono la rete e sono validi su ogni social media e in ogni condizione. Ci servono per capire chi, nel mare magnum di internet, fa davvero al caso nostro.

13.1 POPOLARITÀ

È indubbio che sia un valore di tutto rispetto e di primo piano. Chi vorrebbe un ambassador o un testimonial che non è conosciuto da nessuno? Ovviamente sarebbe una contraddizione in termini. Ma un individuo popolare è anche un influencer? Facciamo un esempio stupido, per capirci: se su Twitter ho centomila follower, molte aziende potrebbero considerarmi perfetto da ingaggiare in ottica di influencer marketing, ma questa potrebbe essere una valutazione totalmente errata. Sappiamo benissimo che le aziende, nella pratica, guardano solo ed esclusivamente ai numeri puri, senza interpretarli in termini qualitativi, ma noi abbiamo detto diverse volte che dobbiamo parlare alle persone che adottano la novità per prime, che sono credibili, esperte e che abbiano un ampio bacino di utenza (un cluster o una community).

VA DA SÉ CHE I NUMERI, DA SOLI, NON SONO UN VALORE ASSOLUTO.

Torniamo al nostro esempio: ho centomila follower su Twitter, quindi vado bene per ogni attività? No!
Se ho dieci milioni di follower, e pensano tutti che sia un cretino, di certo le aziende non devono prendere in considerazione me per creare opportunità di business. Se non sono credibile e le persone non si fidano di me, allora sono un veicolo poco performante.
In definitiva, la popolarità in termini numerici va bene, ma...

13.2 INGAGGIO

Online si sente spesso parlare di engagement: si tratta semplicemente delle reazioni che siamo in grado di stimolare nei nostri lettori.
L'ingaggio, così come la popolarità nella sua formula numerica, è oggettivo e molto importante, perché misura quanto siamo bravi a creare contenuti stimolanti, ma anche il grado di partecipazione della nostra community.
Se abbiamo un milione di follower che ci reputano dei cretini e non reagiscono a nulla di ciò che facciamo (e credetemi, di esempi ne esistono), forse non siamo un veicolo di influencer marketing perfetto. Ma se abbiamo dieci follower che reagiscono a ogni nostra azione con calore, forse abbiamo un problema nei numeri complessivi generati anche se ingaggiamo moltissimo.
Diciamo che l'ingaggio può essere misurato in percentuale ai follower. Quindi, se ho cento follower e cento reazioni alla mia attività, il mio ingaggio è del cento percento; e se sono in cinquanta a reagire, ovviamente è del cinquanta percento.

Ma se per caso i reattivi dovessero essere mille, sempre sugli stessi followers, allora la percentuale di ingaggio decuplicherebbe, formando un evento potenzialmente virale in grado di muoversi attraverso la rete a prescindere dal suo creatore e dai primi che sono stati ingaggiati.
Molti follower, quindi, non vuol dire molto ingaggio, così come molto ingaggio non vuol dire molti follower. Ma se l'ingaggio supera spesso e di molto il numero di follower (non stiamo quindi parlando di colpi di fortuna), allora l'account sarà destinato a divenire influente e ad aumentare anche i follower. Ovviamente si tratta anche di ottimo contenuto, perché le botte di fortuna continuative non esistono.

13.3 CANALI

Per canali non intendo quelli di irrigazione nelle campagne, no, ma i canali comunicativi utilizzati dal nostro presunto influencer. Domanda secca: se la stessa cosa la scrivo su rudybandiera.com o su repubblica.it avrà lo stesso valore, in termini di credibilità? Assolutamente no. A prescindere da quello che pensate di rudybandiera.com e di repubblica.it, il secondo è un canale molto più autorevole del primo, che ci permette di arrivare a molte più persone, di ingaggiarne moltissime e di essere creduti maggiormente (in linea di massima, ovviamente).
Quindi, il luogo in cui parliamo, con quante persone parliamo e in quanti reagiscono a quello che diciamo sono i tre valori di influence che dobbiamo monitorare.

13.4 MISURARE **NUMERI E DATI**

Arrivati a questo punto, avendo a disposizione le conoscenze apprese fino a ora e sapendo come e dove cercare, dobbiamo trovare un metodo unico, univoco e semplice per misurare chiunque.
Sì, perché prima di scegliere con chi parlare, come e quando, dobbiamo conoscere benissimo il nostro territorio, quindi serve un metro per misurarne le dimensioni. E qui le cose in genere si complicano, perché ognuno usa il suo metodo oppure il suo software, e i dati tendono a essere discordanti da un social all'altro, da un utente all'altro, da una misurazione all'altra.
Quindi ho cercato una "regola aurea" che vada bene per tutti e ovunque.
Per farlo, sono partito da un presupposto piuttosto semplice: quali sono i valori trasparenti (cioè visibili a tutti e al di là del banale numero di follower) che fanno capolino in ogni social e in ogni profilo pubblico? Sono i like (nelle loro declinazioni tra cuoricini e cose simili), i commenti e gli share, le condivisioni.
Che voi siate su Facebook, Twitter, LinkedIn, o in altre piattaforme, avrete all'incirca questi valori, anche se siete su Instagram (tranne la condivisione nel momento in cui si scrive), e così via su circa tutti i canali sociali che conosciamo o che vorremmo presidiare.
Allora mi sono detto: "Perfetto, do un valore di uno a ogni interazione che avviene su un contenuto e sommando aritmeticamente misuro l'engagement oggettivo di quel determinato account, cioè un like, un commento e una condivisione fanno un totale di ingaggio di tre".
Sì ma... manca qualcosa.

UN LIKE HA LO STESSO VALORE, PER CHI LO PRATICA, DI UNA CONDIVISIONE? CERTAMENTE NO.

Tutti mettiamo like con sempre meno attenzione, ma facciamo moltissima attenzione quando condividiamo qualcosa di altri, perché mettiamo in discussione la nostra stessa credibilità con qualcosa che non ci appartiene e che non abbiamo creato noi. Ciò implica moltissima fiducia.
E il commento è come un like? Certamente no, perché il commento necessita dell'accensione e della piena operatività del cervello (non come un like) ed espone tantissimo, anche se meno di uno share. Così, in definitiva, ho dato un valore di uno ai like, un valore di tre ai commenti e un valore di cinque alle condivisioni. Il risultato è quello che chiamo engagement ponderato, cioè un dato numerico, trasversale e trasparente, che misura in modo incondizionato e preciso quanto ingaggia un contenuto o un utente, anche in base a quanti, potenzialmente, lo leggono.
Faccio un esempio su misurazioni eseguite su miei post nel profilo Facebook tra settembre e ottobre 2015, solo usando gli occhi e un banalissimo file di testo:
Data: 28 settembre, ore 13.33, lunedì
Url di riferimento: https://www.facebook.com/rudybandiera/posts/10153660177284776?pnref=story

Tipologia di stato: solo testo con citazione di Lewis
Like 183, commenti 21, condivisioni 29
183+63+145 = engagement ponderato 391

28 settembre, ore 22.08, lunedì
Url di riferimento: https://www.facebook.com/rudybandiera/posts/10153660965764776?pnref=story
Tipologia di stato: solo testo con battuta di spirito sulla mia cena di soli uomini a casa di amici
Like 75, commenti 28, condivisioni 0
75+84= engagement ponderato 159

30 settembre, ore 9.03, mercoledì
Url di riferimento: https://www.facebook.com/photo.php?fbid=10153663492539776&set=p.10153663492539776&type=3&theater
Tipologia di stato: crossposting, condivisione foto Instagram
Like 73, commenti 24, condivisioni 0
73+72= engagement ponderato 145

1 ottobre, ore 6.31, giovedì
Url di riferimento: https://www.facebook.com/rudybandiera/posts/10153665105549776?pnref=story
Tipologia di stato: solo testo sul primo giorno da profe in università
Like 727, commenti 119, condivisioni 3
727+357+15= engagement ponderato 1099

19 ottobre, ore 18.15, lunedì
Url di riferimento: https://www.facebook.com/photo.php?fbid=10153697411244776&set=a.92842234775.82978.645879775&type=3&theater
Tipologia di stato: foto di mia mamma che usa lo smartphone
Like 89, commenti 25, condivisioni 0
89+75= engagement ponderato 164

Non vi voglio ammorbare oltre con questi dati, ma il senso deve essere semplice e chiaro a tutti. La suddivisione dell'analisi è basata su data e ora di produzione di un contenuto. Per capirci, se pubblichi la foto di una birra alle 19.00 di venerdì sera, tutti dicono "salute!"; ma se la pubblichi alle 9.00 di lunedì mattina pensano ad altro. Stessa foto, contesto diverso.
L'url di riferimento serve a capire dov'è posizionato, fisicamente, nello spazio e nel tempo, il nostro post, mentre la tipologia di contenuto serve a noi in fase di analisi per capire quali contenuti hanno ingaggiato di più e quali hanno più grip su un determinato profilo, che vanno di più in senso assoluto.
Se vediamo – come nel mio caso – che i contenuti di testo puro ingaggiano maggiormente, sarà su quelli che dovremo puntare, non sulle condivisioni da Instagram, anche se ci sembrano più belle. Perché? Boh, non lo so, forse perché siamo più bravi, abbiamo talento, abbiamo azzeccato la strategia giusta, abbiamo indovinato il tema.
Non sempre quello che ci sembra bello, migliore, gradevole o funzionale, sia a livello comunicativo che di messaggio puro, è ciò che funziona meglio.
Noi non siamo il metro.

Vi sembra banale? Riflettete su un fatto semplice: se producete abbigliamento o cibo, avete bisogno di qualcosa che impatti da un punto di vista visivo; ma se il vostro settore sono i libri, allora avete un altro tipo di pubblico e quindi un altro tipo di contenuto. Non dico che non si possano fare cose fantasiose e creative, anzi, ma capire bene quali tipi di contenuti funzionano meglio è fondamentale per capire cosa pubblicare o cosa chiedere ai nostri influencer di pubblicare. Di seguito il risultato di un mese di test sui miei contenuti sul mio profilo Facebook (*figura 8*).
Per avere un coefficiente che sia identico in ogni condizione e che vi permetta di calcolare l'ingaggio di qualunque profilo sociale e di chiunque, a prescindere dal numero di follower, è sufficiente fare questo semplice calcolo: dividere l'ingaggio ponderato per il numero di follower e moltiplicare il risultato per mille. In questo modo avremo un coefficiente di ingaggio che prescinde dai follower su cui è calcolato e che ci mostra un numero "assoluto" univoco e uguale per tutti.

figura 8 - Engagement ponderato medio per tipo di post

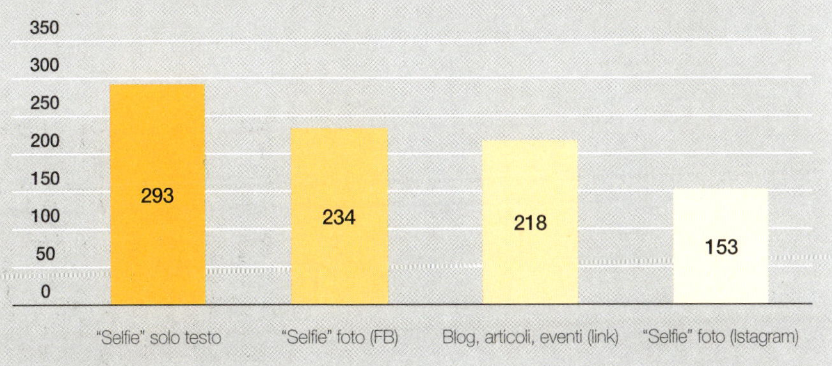

14

COME PARLARE CON LE PERSONE E COME RENDERLE ATTIVE

14.1 La reputazione è come un liquido che si sposta da una persona all'altra

14.2 Relazione

14.3 Il lavoro deve essere pagato

14.4 Il blog, non il nostro

14.5 Invio prodotti

14.6 Prova prodotti

14.7 Il nostro blog corporate

14.8 Guest post

14.9 Interviste

14.10 Co-creazione

14.11 Eventi

Perfetto, siamo quasi alla fine ma, soprattutto, siamo al giro di boa. Abbiamo imparato ad ascoltare, abbiamo capito come farlo per non accumulare rumore e abbiamo imparato non solo a individuare i nostri punti di riferimento o snodi o influencer, a identificare cluster e community, con le loro dinamiche e i loro leader, ma abbiamo anche capito come misurare, con precisione e senza bisogno di essere dei tecnici.
Adesso viene la parte più difficile. **Quando mi trovo con tutti questi dati e queste informazioni, con tutti questi nomi e numeri, cosa ci faccio?**
Partiamo da un tool molto concreto che si chiama Buzzoole Finder che ci permette, data una query di riferimento, di trovare in pochi minuti e con un solo passaggio tutti gli influencer di un dato settore. Inseriamo, per esempio, la parola "Roma", oppure "tastiera", o "insalata di funghi" e troveremo chi sono gli influencer di riferimento in base alla query data.
Ovviamente, come abbiamo già detto e visto, dopo aver usato un tool come questo, dobbiamo andare a vedere di persona, per poter valutare se l'ingaggio è buono (se tutti dicono a uno che è un cretino, ingaggia molto ma non ci fa una gran gola), se i canali di produzione dei contenuti sono autorevoli e se la popolarità è alta.
Quindi, ripeto, pochi passaggi per avere dei nomi di persone perfette per parlare della nostra benedettissima insalata di funghi o della salama da sugo che vogliamo vendere in tutto il mondo.
Benissimo. Adesso dobbiamo avvicinare queste persone, approcciarci a loro nel modo più consono e, per farlo, dobbiamo sempre tenere a mente una cosa: che se sono diventati quello che

sono, cioè leader delle loro community, allora sono anche persone ragionevolmente corrette e non disposte a perdere il loro unico vero valore, cioè la credibilità e quindi la fiducia che gli altri hanno in loro. Non possiamo andare lì e dire: "Ciao, ti pago e tu parli bene del mio prodotto", perché questo non andrebbe bene e rischierebbe di creare un bel casino. Non va bene, perché potrebbe scontrarsi con il Teorema del triplo win che abbiamo spiegato in precedenza, e non va bene perché la reputazione, da cui deriva la credibilità, è come un liquido e può essere spostata da un contenitore all'altro, quindi si deve fare attenzione a non sottrarre reputazione agli altri e a non dare l'impressione di volerlo fare.

14.1 LA REPUTAZIONE È COME UN LIQUIDO **CHE SI SPOSTA DA UNA PERSONA ALL'ALTRA**

Sapete cos'è il principio dei vasi comunicanti? È il principio fisico in base al quale un liquido contenuto in due o più contenitori comunicanti tra loro raggiunge lo stesso livello dando origine ad un'unica superficie, uno stesso livello, appunto, che è quello più basso (*figura 9*).
Ecco perché gli acquedotti funzionano, perché potete versare quello che volete dove volete ma il livello sarà sempre lo stesso in tutti i vasi e i canali uniti.
Il liquido raggiunge lo stesso livello, a prescindere dal punto di partenza, e tende a livellarsi "verso il basso".
E la reputazione cosa c'entra?

figura 9

© pic0bird // Shutterstock

Come dice Pëtr Kropotkin (e ho riportato la sua frase anche nel mio *Rischi e opportunità del web 3.0 e delle tecnologie che lo compongono*), "ricorda che ingannare, mentire, giocare d'astuzia significa avvilirti, rimpicciolirti, riconoscerti debole prima del tempo, ed essere come lo schiavo che si riconosce inferiore al suo padrone. Fallo, se ti fa piacere, ma sappi che l'umanità ti considererà meschino, debole, e come tale ti tratterà".
Pëtr Kropotkin era un anarchico intellettuale russo nato a metà dell'Ottocento e, in un certo senso, è stato il precursore di quella che possiamo definire economia della reputazione.
Non in questi termini, certo, ma Kropotkin aveva teorizzato una società in cui tutti avrebbero svolto il proprio lavoro, o ciò che sarebbe stato necessario fare, senza alcuna remunerazione, perché i benefici delle

loro azioni sarebbero ricaduti sulla comunità tutta rendendo il lavoratore degno di fiducia e di buona reputazione.
Sappiamo poi come si sia sviluppata la Russia nei primi anni del Novecento; quindi, a quanto pare, le idee del povero Pëtr Kropotkin non furono particolarmente ascoltate o sviluppate, ma il seme era gettato.
Cory Doctorow è un blogger canadese, giornalista e noto scrittore che, in un romanzo del 2003, *Down and Out in the Magic Kingdom*, analizza da vicino l'economia della reputazione nel più pragmatico dei modi, cercando cioè di attribuire a quello che facciamo un valore e facendo in modo che questo valore diventi poi una "quantità reputazionale".
Insomma, che di fatto divenga reputazione.

NOI FACCIAMO QUALCOSA, QUESTO QUALCOSA CI DÀ UN PUNTEGGIO E QUESTO PUNTEGGIO È LA NOSTRA REPUTAZIONE.

Studi recenti prevedono non solo la semplificazione di reputazione-punteggio, ma danno per scontato che la reputazione diventerà, nei prossimi quindici anni, una vera e propria moneta di scambio.
La reputazione di una persona è la considerazione di cui questo soggetto gode nella società.
A differenza di "stima", il termine "reputazione" ha valenza neutra, per cui può essere buona o cattiva.

Di fatto, se è buona, siamo stimati, e in questo caso la reputazione è un valore monetizzabile.
Okay, ma allora cosa c'entrano i vasi comunicanti con la reputazione?
Voi dovete considerare la vostra reputazione come un fluido, un liquido preziosissimo che è in grado di passare da un vaso all'altro, dove per "vaso" intendiamo una o più persone o addirittura situazioni.
La nostra reputazione è il liquido, mentre le condizioni esterne a noi sono i vasi.
Il concetto che ne consegue è piuttosto semplice ma molto utile, visto che una delle domande che mi vengono poste più spesso è una delle più complesse alle quali rispondere: devo andare a quell'evento?
E devo farmi pagare?
La domanda necessita di una risposta abbastanza complessa, perché spesso le persone tendono a pensare che andando gratis a eventi o fare formazione o scrivere post o qualsiasi altra attività di co-branding" consenta di entrare in un circolo virtuoso che permetterà, in seguito, di raggiungere ottimi risultati in termini di popolarità. Ma non è così, o almeno non lo è sempre.
Nella vita come nel lavoro ci si devono dare delle regole chiare e semplici. Dando per assodato il fatto che la reputazione si sposta da un vaso all'altro, da una o più persone alle altre, se un evento è "reputazionalmente" conveniente per me (il livello reputazione delle persone o dell'evento è più alto del mio oppure il co-branding "pende" verso l'altro marchio), **allora posso andare gratis guadagnando in reputazione, altrimenti devo guadagnare fatturando.**
Quindi l'approccio che si deve avere nei confronti dei nostri influencer deve sempre essere di tipo interrogativo, cioè:

PERCHÉ QUESTA PERSONA DOVREBBE FARE QUELLO CHE IO VORREI FACESSE?

14.2 RELAZIONE

La prima cosa da fare è entrare in relazione con queste persone e con le loro eventuali community, per capirne le dinamiche e per cercare di avvicinarsi rispettando le regole, i leader, le alchimie.
Ascolto, relazione e fiducia. Non vendita.
Non possiamo, dopo aver investito in fatica e lavoro, approcciarci alle persone che consideriamo influenti come se fossero un distributore di notorietà, perché in realtà sono arrivate dove sono grazie alla loro indipendenza.
Proviamo per un attimo a lavorare di fantasia. Immaginate di essere a un livello di "notorietà" medio sul web, un livello che non vi permette di campare solo con la visibilità, ma che vi consente di usarla per arrotondare.
Di fatto, non ci campate ma ci guadagnate.
Vi chiamano a eventi, vi chiedono recensioni o punti di vista su prodotti e servizi (dipende ovviamente da come siete posizionati) e vi chiedono spesso di andare e fare... faccio cose, vedo gente. Quella roba lì.
Bene. Un bel giorno arriva una grossa, grossissima azienda, diciamo una delle più grandi al mondo del vostro settore, come potrebbero

essere Apple o Ferrari o Gucci, per capirci, e vi chiede di partecipare a un evento in cui saranno presentati i prodotti, la linea di servizi o qualunque cosa l'azienda, che da ora chiameremo XY, avrà da vendere l'anno successivo.
Chiamano voi e vi dicono che, anche se il vostro pubblico non è enorme, siete comunque influenti nella vostra nicchia: ne sapete, siete bravi, scrivete bene e la gente si fida.
Voi che non siete scemi, altrimenti non sareste mai arrivati al vostro livello di influenza, sapete benissimo che non è solo quello a spingerli verso di voi. È anche la mancanza di un budget superiore che avrebbe consentito loro di rivolgersi a "personaggioni più cazzuti", più forti mediaticamente, più in vista, più quotati. Ma in fin dei conti chi se ne frega, vi dite, tanto si tratta di lavoro, e se rispondete di no scelgono un altro. E in ogni caso, quelli più famosi non sono sempre stati quotati... da qualche parte sono partiti. Potrebbe essere la vostra occasione, pensate.
Quindi chiedete di cosa si tratta con precisione e vi dicono che vi manderebbero dall'altra parte del mondo, a Tokyo, o Dubai o Los Angeles, ad assistere alla "prima" di questi prodotti XY.
Non vi pagano, per farlo, ma vi danno la possibilità di viaggiare in prima, stare in alberghi che non vi siete mai potuti permettere e di visitare una città che forse non vedrete mai più.
Urca, dite a voi stessi... non mi pagano, "perdo" una settimana di lavoro, ma non spendo nulla ed è un'occasione di visibilità straordinaria, in effetti.
Okay, ma cosa dovete fare? Mah, vi dicono, nulla di particolare, dovete solo partecipare alla presentazione, fare un live su Twitter, raccontare cosa si dice lì per quelli che non ci sono e fare un post sul vostro blog quando tornate.

Be', pensate, in fondo non chiedono molto. Ma non vi danno da lavorare perché non vi pagano, quindi... questo è un win win puro, ci guadagnate entrambi investendo pochissimo.
Okay, accettate.
Andate, state da Dio nel posto in cui state, siete in ottima compagnia e poi arriva il giorno dell'evento al quale partecipate con entusiasmo, ma... ma i prodotti non vi piacciono, non li trovate, che so, innovativi, oppure non li considerate all'altezza del marchio; o ancora: li trovate... come dire... brutti.
Fate il vostro live, certo, dal quale non traspare molto, nel senso che, sapete benissimo, in centoquaranta caratteri è più facile raccontare dei fatti che dare delle suggestioni o trarre delle conclusioni.
Poi tornate a casa e vi viene il terribile dubbio che incombe sul vostro futuro: "Cosa scrivo sul blog?".
Scrivete quello che avete realmente pensato, oppure, visto il modo in cui siete stati trattati, cercate di edulcorare ciò che avete percepito per rendere la situazione meno brutale?
Ecco, signore e signori, qui sta la vera figura dell'influencer che, ricordiamoci bene, è contraddistinto da una e una sola caratteristica: la credibilità verso i suoi lettori.
Quindi, quando parliamo di influencer marketing, non possiamo dimenticare che online non esiste un win win, perché non esiste una condizione con sole due variabili ma sono almeno tre: committente, cliente (lettore) e veicolo informativo, e cioè influencer.
Se il lettore/cliente è contento, voi non lo siete ma raccontate ugualmente di esserlo, prendete in giro i vostri utenti, i lettori, coloro che si fidano di voi e perdete, di fatto, l'unica cosa che possedete

e cioè la vostra dannatissima credibilità. Okay, allora cosa dovrete scrivere? La verità: che siete stati benissimo, trattati da signori, che è stato tutto molto divertente, ma che i prodotti non hanno soddisfatto le vostre aspettative. Dovrete dire la verità ammorbidita, se possibile, visto che siete stati ospiti graditi, ma soprattutto la verità.
Ecco, con questa persona dobbiamo entrare in relazione, e lo dobbiamo fare come se volessimo stringere un rapporto di amicizia. Non sto dicendo che dobbiamo essere ipocriti, non dobbiamo vendere noi stessi, ma intrecciare relazioni pensando sempre che siano affari; non è amicizia "vera", e lo sappiamo tutti, ma grazie all'empatia si riesce a lavorare meglio.
Quindi, per esempio, prima di mandare un'email ufficiale a qualcuno dicendo "ti voglio ingaggiare per...", provate a commentare le cose che scrive su Facebook che riguardano il vostro business, a parlare con lui, a entrare in sintonia, a capire quali sono le sue relazioni e i suoi interessi.
Avvicinatevi con sincerità, perché se avete degli interessi comuni non vedo quali possano essere le difficoltà.

14.3 IL LAVORO **DEVE ESSERE PAGATO**

Ogni attività necessita di uno sforzo, grande o piccolo che sia, quindi anche le digital Pr necessitano di risorse, molto spesso (anzi praticamente sempre) anche economiche.
Riprendendo l'esempio fatto prima, quando decidete di capire chi parla

di prodotti tipici ferraresi in giro per il mondo, vi approcciate a dei software, alcuni gratuiti (ma con ovvie limitazioni), altri a pagamento. Oppure vi servite di agenzie che fanno queste cose di mestiere, e quindi le dovrete pagare. E quando avete trovato le community, gli argomenti, gli influencer e le modalità di comunicazione pensate di avere finito? No, avete finito la parte di ascolto e strategia, ma non certo quella pratica.

RICORDATE CHE IL LAVORO DEVE ESSERE PAGATO E CHE ONLINE DI GRATIS NON C'È NIENTE, ANCHE SE POTREBBE SEMBRARE.

La visibilità su Facebook la pagate alla piattaforma o alle persone che ve la danno, così come in ogni altro media e settore.
È doveroso ricordarlo a chi ancora crede che internet sia un mercato gratuito. Al mercato, si paga la piazzola, e più questa è grande, visibile e in un posto frequentato, più la paghi.

14.4 IL BLOG, **NON IL NOSTRO**

Una volta intrecciate le relazioni attraverso il dialogo e la comunicazione online, una volta letto, ascoltato e capito, una volta che le persone e le community si fidano di noi, possiamo iniziare a pensare in base alla centralità della nostra

comunicazione attraverso il blog del nostro eventuale influencer.
Ricordiamoci sempre che non tutti i blogger sono influencer, ma quasi tutti gli influencer hanno un blog, ed è da lì che dobbiamo partire.
Il blog del nostro utente è un canale comodo, già pronto ed estremamente credibile verso il suo bacino di utenza, molto più che di qualunque tipo di volantino, affissione o display Adv vogliamo fare.
È **il blog del nostro influencer e vale mille pubblicità.**
Ovviamente, per arrivarci, dobbiamo sottostare ad alcune condizioni: il prodotto che offriamo deve eccellere in qualcosa (qualità, prezzo, prestazioni, vantaggi) altrimenti il blogger non ne parlerà mai bene, con il rischio di perdere credibilità; gli altri due aspetti centrali sono la relazione che siamo riusciti a instaurare (o la conoscenza che abbiamo del nostro interlocutore) e ciò che offriamo in cambio.
A volte le aziende di analisi dicono di essere disposte a "donare" i loro dati riservati al blogger affinché quest'ultimo li usi per scrivere post sul suo blog: certo, va bene, se i dati sono davvero cool! Altrimenti il blogger, se non è uno sprovveduto, li cerca in giro, li trova da qualche parte, oppure li ricava da solo, quindi non sempre il prodotto può essere scambiato nel classico win win (questa volta solo due win), perché il valore non è sempre lo stesso ed equiparabile alla visibilità trasmessa, nonché alla reputazione che "fluisce" tra i vasi comuncanti.
Torniamo ai nostri prodotti ferraresi: se chiediamo alla redazione di giallozafferano.it, un famosissimo sito di cucina, di recensire

la nostra salama da sugo in cambio di... una salama da sugo, probabilmente dirà di no, perché il valore che offre giallozafferano.it è intrinsecamente più alto di quanto non sia quello della salama. Questo funziona in ogni condizione di influencer marketing e di digital Pr online, a prescindere dal tempo, l'impegno o il numero di persone impiegate per generare il contenuto:

SE AUMENTA IL PRESTIGIO DEL CANALE COMUNICATIVO E DI CHI SCRIVE, DEVE AUMENTARE ANCHE IL VALORE DELLA NOSTRA OFFERTA.

Se siamo appena partiti con il nostro blog di fashion, saremo felici di ricevere maglie e gonne per recensirle e tenerci poi gli abiti, ma se la stessa cosa viene offerta a Chiara Ferragni, una delle blogger di moda più note in Italia, la cosa non funziona più.

14.5 INVIO **PRODOTTI**

Uno dei metodi classici per attirare l'attenzione di un blogger è quello di inviargli dei prodotti che potrebbero essere utili al suo lavoro in modo da "sperare" che li provi e ne parli. Che ne parli bene, si spera.
In realtà, la cosa non è così semplice.
Lasciate che vi racconti questa breve storia: un blogger viene contattato

da una famosa azienda di elettronica, molto importante, che tra le altre cose fa anche dispositivi per l'ascolto della musica.
Stiamo parlando di un blogger che si occupa di tecnologia e di comunicazione e di una delle più grandi aziende tecnologiche del pianeta.
Il blogger risponde all'email di contatto, parlando con una persona che non conosce e che non ha mai sentito prima, dicendo gentilmente che di cuffie non sa cosa farsene, perché in ufficio non le usa, per andare in bici preferisce gli auricolari senza fili e che quindi sarebbe bene allocare queste risorse (cuffie, spedizione, qualcuno che si occupi dell'attività) verso un utente che potrebbe essere più "utile alla causa".
La grande azienda risponde che no, non importa, loro vogliono lui, e a questo punto lui dice di sì.
Poi cosa succede? Arrivano le cuffie che il blogger prova una volta, pensa che siano una grande figata, poi le mette nel cassetto e non le usa mai più.
Ora ditemi, è fare digital Pr, questo?
Altro esempio: un'azienda contatta una blogger dicendole che vogliono farle una sorpresa, un piccolo dono che lei apprezzerà.
La blogger dice che non ama le sorprese e che forse sarebbe meglio per tutti sapere di cosa si tratta per fare in modo che tempo e risorse non vadano sprecate da parte di tutti, ma l'azienda insiste per avere l'indirizzo a cui mandare il regalo per la blogger, la quale alla fine, per non sembrare spocchiosa, lo fornisce.
Dopo qualche giorno arriva il pacco, e dentro cosa c'è?
Una bottiglia che conteneva una bibita (bottiglia rotta e bibita quindi svanita) e qualche oggetto come tazze per il caffè e cose simili.

La blogger, che in genere si occupa di comunicazione non convenzionale, non solo non parlerà mai di una bottiglia rotta, ma sarà anche irritata perché dovrà andare a gettare nell'immondizia qualcosa che non voleva, che non ha chiesto, che è arrivata rotta e che non può usare. Sono digital Pr, queste?

L'INVIO DI PRODOTTI NECESSITA UNA PROFONDA CONOSCENZA DELLA PERSONA ALLA QUALE QUESTI SI SPEDISCONO E DEL SUO SETTORE DI APPARTENENZA.

Spesso si scelgono le persone sbagliate, che sono chiamate ad azioni assurde e senza senso. Questa è dispersione di risorse.

14.6 PROVA **PRODOTTI**

La prova prodotti è diversa dal semplice invio. L'invio implica la non restituzione, e quindi in genere viene fatto con cose che richiamano il brand ma che non sono per forza correlate. Per esempio, pensiamo a quando la Coca-Cola ha mandato a casa di centinaia di blogger la lattina con il nome del blogger stesso: il valore intrinseco del prodotto era basso, ma l'impatto della personalizzazione alto, e quindi i blogger si

sono sentiti di pubblicare sui social una cosa che li riguardava direttamente (ricordate, i blogger hanno un ego potente e dominante...). È ovvio che la Coca-Cola non si sarebbe mai sognata di inviare una bibita in prova, così come per esempio Samsung non invia a tutti i blogger i nuovi modelli di telefono da tenere, in dono. Ma da provare sì.
Ecco quindi che con il vostro scraping avete individuato i blog del vostro settore; quello che vogliono loro è farsi conoscere, e per farlo devono dare le informazioni prima degli altri, ovviamente. In questo caso,

DARE A CERTE TESTATE O BLOG I VOSTRI PRODOTTI IN ANTEPRIMA, AFFINCHÉ VENGANO TESTATI, È UNA POTENTISSIMA FORMA DI PROMOZIONE

(sempre se il prodotto è buono, ma siamo alle solite).
La prova prodotto in genere viene fatta con oggetti qualitativamente piuttosto buoni, in anteprima esclusiva (non si manda la stessa cosa a cento persone) e con target molto precisi e delineati. Non mando la salama da sugo a chi parla di telefoni, così come non mando l'ultimo iPhone a chi parla della vita nel Triassico. Naturalmente, l'invio di prodotti in prova implica il fatto che il giornale, il blogger, o l'utente Facebook a cui mandate i prodotti non debba poi preoccuparsi della restituzione e della logistica, perché di questi aspetti deve occuparsi l'azienda.

14.7 IL NOSTRO **BLOG CORPORATE**

Il blog di un'azienda viene detto convenzionalmente corporate blog. E di cosa si parla? In genere del settore di appartenenza dell'azienda, non dell'azienda stessa.
Se facciamo app per cellulari e costruiamo un corporate blog da associare al nostro sito aziendale, non parleremo tutti i giorni di quanto sono belli e funzionali le nostre app, ma parleremo del settore, del mondo delle applicazioni per mobile, dicendo quanto cresce o meno, a cosa servono o recensendo nuovi prodotti (anche non necessariamente nostri).
A cosa serve un'operazione di questo tipo?
Il contenuto è e rimane la cosa più importante che noi possiamo fare per attirare traffico in target. Quindi, **se produciamo app e scriviamo in modo utile di app, per forza di cose arriveranno lettori interessati alle app, tra i quali anche potenziali clienti** (questa è la base dell'inbound marketing).
Le tipologie di contenuto che possiamo inserire in un blog sono le seguenti:

Testuali

Post di solo testo. Di fatto, scrivere. È importantissimo per il posizionamento su Google, e anche perché le persone ancora oggi preferiscono informarsi leggendo piuttosto che guardando video.

Immagini

Di grande impatto, correlate ai post possono aumentare moltissimo le letture oltre a fare bella immagine di sé sui social network sotto forma di anteprima.

Video
In grande crescita, la produzione di video online è una nuova frontiera. Complessi nella realizzazione, più costosi in termini di risorse e organizzazione, i video sono la tipologia di contenuto più impattante ed emozionale. Perfetti se abbinati a poco testo per quello che riguarda l'utente che si vuole informare, sono molto attraenti per un pubblico giovane.

Audio
Sempre più spesso legato ai video.

Embedded
Il contenuto embedded è la riproduzione o condivisione di un contenuto preso da un social come Facebook o YouTube duplicato sul blog mantenendo tutte le caratteristiche originali.
Per fare un esempio pratico, su YouTube alla voce "condivisione" troviamo una sotto-categoria che è "codice da incorporare", ovvero il codice embedded, che potete incollare nel vostro blog.
In questo modo il video è embeddato direttamente da YouTube, che quindi si occupa di erogare la banda e di lasciare inalterati i servizi, come like e condivisioni. La stessa cosa la possiamo fare da tutti i social.

LA PRODUZIONE DI OTTIMI CONTENUTI SUL NOSTRO BLOG CORPORATE SARÀ IL PRIMO PASSO, FONDAMENTALE, PER RENDERE IL NOSTRO CANALE AUTOREVOLE A PRESCINDERE DAL NOSTRO BRAND.

Il che ci porta alle prossime due formule di ingaggio.

14.8 GUEST **POST**

In genere su un blog o un sito scrivono una o più persone che rappresentano, nella loro accezione formale, la redazione.
Se qualcuno viene invitato esternamente a scrivere qualcosa su un sito, allora si parla di guest post.
Se il nostro sito è cresciuto bene e sano, se la nostra reputazione è abbastanza alta, allora possiamo invitare gli influencer di settore a scrivere sul nostro sito, non necessariamente per parlare dei nostri prodotti, certo, ma per aumentare la benevolenza dei follower del nostro influencer, visto che un blogger non viene mai da solo ma sempre con le persone che lo seguono. Al contrario, possiamo anche essere noi a richiedere a un blogger di fare un guest post

sul suo blog. Produrre ottimo contenuto che viene posizionato in un contenitore autorevole è per noi, per la nostra credibilità, molto importante. **Ricordate i vasi comunicanti della reputazione? Ecco, siamo sempre lì.**

14.9 INTERVISTE

Ricordate cosa dicevamo in precedenza dell'ego dei blogger? Che è bello gonfio. Bene, allora perché non invitare il nostro influencer preferito a concederci una intervista sul nostro sito? Se saremo assonanti nelle argomentazioni, e se il nostro sito non è proprio nato ieri; e ancora, se il nostro influencer non è a un livello troppo alto per noi (ecco a cosa servono le relazioni), sarà ben felice di dire la sua sulla sua vita, il suo lavoro, il suo modus operandi e sulle questioni che tengono banco in riferimento alla quotidianità e al settore di appartenenza.

14.10 CO-CREAZIONE

Avete anche la possibilità di creare i vostri prodotti e servizi facendovi aiutare dai vostri lettori, specie se siete già una realtà consolidata con una base di utenti fidelizzata e se sapete con chi parlare.
Due esempi su tutti.

FIAT HA FATTO SCEGLIERE I COLORI DELLA 500 AGLI UTENTI ANCORA PRIMA DI DEFINIRLI A PIANO INDUSTRIALE.

Ha messo a disposizione un gran numero di colori sul sito, in modo che le persone potessero scegliere quelli che più gradivano.
HTC, nota azienda coreana che produce telefoni, ha fatto scegliere il nome del device – che poi si è chiamato Wildfire – ai suoi utenti, tramite un sondaggio sul sito.
Alle persone piace essere protagoniste delle scelte sui prodotti che amano, e a questo si aggiungono un forte effetto tribù e un sicuro impatto positivo sui nostri clienti, che derivano dalle loro stesse scelte.

14.11 EVENTI

Tra le mille cose di cui vivono le digital Pr vi sono anche gli intramontabili eventi.
Le persone amano trovarsi assieme, discutere, abbracciarsi e cenare allo stesso tavolo. Gli eventi possono essere informativi o formativi, ludici o formali, ma l'importante è che vengano invitate le persone giuste.

Se siete un'azienda tecnologica che lancia un nuovo servizio, uno dei modi migliori per farlo conoscere è organizzare un evento di riferimento, che sia il più divertente e gradevole possibile ovviamente, e invitare gli influencer di settore a partecipare.
In questo modo, sfruttando l'impatto che i suddetti hanno sul loro mondo di appartenenza, si crea un notevole buzz sui nuovi servizi, o si fanno conoscere realtà che le persone più distanti non conoscevano.
In certi casi, invece, è possibile o addirittura consigliato invitare blogger e utenti i più trasversali possibili.
Cesenatico, per esempio, come tutti i luoghi estivi di villeggiatura, ha il problema della "destagionalizzazione": è piena di gente per tre mesi l'anno e vuota negli altri nove.
Siccome in luoghi ameni come Cesenatico è possibile divertirsi tutto l'anno, specie per le famiglie, il consorzio di albergatori ha deciso di organizzare un evento invitando blogger di ogni tipo (visto che la vacanza a Cesenatico va bene per quelli che scrivono di tecnologia come di motori o di viaggi) e coinvolgendo anche i loro parenti, perché il messaggio che doveva passare riguardava proprio il nucleo famigliare. L'evento è stato organizzato in ottobre, proprio per rimarcare il fatto che non esiste una stagionalità definita per la Romagna.
Gli albergatori hanno messo a disposizione stanze che sarebbero state vuote, gli organizzatori hanno pensato a un breve tour del paese di giorno e a una cena in un ristorante con discoteca la sera. Ah, be', siamo in Romagna, eh!
Morale, sono usciti più contenuti su Cesenatico in quei due giorni

che durante il resto dell'anno, e con una maggior copertura. Il tutto a un prezzo davvero irrisorio, se confrontato a un'attività simile "a pagamento" su media tradizionali o con forme di Adv come Facebook.

15

REAGIRE PER RISTABILIRE LA NOSTRA REPUTAZIONE IN CASO DI CRISI

15.1 Pulizia nelle pagine di Google

15.2 Fare sentire la propria voce in modo accorato

15.3 Scusarsi

15.4 Eliminare e bloccare

15.5 Regole di ingaggio

15.6 Gli "odianti" e l'effetto nano sul gigante

Noi siamo le nostre azioni.
Se questo è del tutto vero, lo è altrettanto il fatto che siamo le nostre reazioni. Non veniamo percepiti solo sulla base di ciò che facciamo quando siamo proattivi (come quando generiamo contenuto), ma anche per quello che facciamo quando gli altri agiscono nei nostri confronti, come sui social o nei blog. E allora come ci dobbiamo comportare?
Le pubbliche relazione digitali non sono un sistema esclusivamente "push", cioè finalizzate all'accrescimento della benevolenza verso il nostro marchio o prodotto, sono anche l'unico sistema di difesa che abbiamo per la nostra reputazione. Molte aziende, attraverso varie attività, costruiscono dei veri e propri "cuscinetti di blogger" attorno a loro, come, per esempio, corporate blog o eventi.
Lo fanno per creare delle community, dei muri compatti e influenti a difesa del brand, in caso di bisogno.
Facciamo un esempio: l'azienda XYZ vende prodotti per la cura dei capelli, quindi ha come target principale i parrucchieri e i centri estetici.
XYZ non si è mai curata delle digital Pr o della propria reputazione online e non è presente sui social, perché pensa che se non si farà vedere le persone non parleranno di lei. Ma come dice il buon Matteo Flora,

"SE ONLINE LA REPUTAZIONE NON TE LA FAI TU, TE LA FA QUALCUN ALTRO".

Non si scappa, da questo non si fugge. Non possiamo nascondere la testa sotto la sabbia, perché se non parliamo di noi non vuol dire che nessuno lo farà.
A un certo punto iniziano a nascere dei problemi in riferimento al fatto che alcuni venditori di XYZ hanno dato dei bidoni a dei saloni, facendo dei contratti non proprio trasparenti per il noleggio di alcune macchine e la vendita dei prodotti allegati, e alcune pagine e gruppi Facebook iniziano a riempirsi di commenti negativi.
La condizione è peggiore del previsto, perché i gruppi Facebook che nascono attorno all'argomento sono formati tutti da persone impiegate in centri estetici o parrucchieri e sono, di fatto, il cluster di riferimento dell'azienda.
La situazione diviene ingestibile quando alcune di queste persone iniziano a scrivere veri e propri post su siti molto importanti, facendo esplodere un caso molto in vista.
Oltre a maledire la propria poca lungimiranza, XYZ cosa deve fare?
Prima di tutto, ci tengo a questa cosa, risolvere l'eventuale problema interno con i propri venditori, se esiste davvero.
Non possiamo pensare di derubare la gente e poi sistemare la nostra reputazione grazie alle digital Pr, perché non funziona così.
Una volta appianati questi problemi interni, una volta che si ha la sicurezza della propria trasparenza, e una volta abilitato un sistema di alert che ci avvisi se e quando qualcuno parla di noi (cosa che avremmo dovuto fare molto prima con uno dei software per lo scraping di cui abbiamo parlato) le cose possibili da fare sono le seguenti.

15.1 PULIZIA **NELLE PAGINE DI GOOGLE**

La pulizia delle reputazione in Serp, o clean reputation.
Questa operazione concettualmente semplice, serve soprattutto in ottica Google, per fare sì che i risultati discordanti dalla realtà, e scritti su siti che non controlliamo, vengano fatti scendere nelle Serp da contenuti generati o decisi da noi.
La Serp (Search engine result page) è la pagina di Google che ci restituisce i risultati quando facciamo una ricerca, ed è evidente che se cercando XYZ si trova un post in cui si parla male di noi, non è una cosa positiva per la reputazione.
Allora che fare? In genere si crea un buon numero di contenuti, specialmente su siti autorevoli, in maniera da fare scendere i risultati spiacevoli sostituendoli con i nostri.
Sappiamo benissimo che noi non possiamo controllare Google, ma sappiamo anche che la sua Serp è fluida; quindi, se avessimo il nostro "cuscinetto di blogger" di cui parlavamo sopra, sarebbe abbastanza facile trovare in loro una sponda per la nostra difesa e per la generazione di molti contenuti che andrebbero a sostituire quelli "infamanti".
Allo stesso modo, scrivendo nel nostro blog potremmo migliorare il posizionamento dei nostri stessi contenuti a discapito di quelli che non vogliamo; quindi abbiamo un altro buon motivo per avere un corporate blog.
Ma questa attività di pulizia della reputazione ci porta a un'altra fase.

15.2 FARE SENTIRE **LA PROPRIA VOCE IN MODO ACCORATO**

Uno degli errori più comuni che fanno le aziende è quello di tacere di fronte agli stati di crisi, oppure di parlare con voci diverse e spesso discordanti.
È famosissimo il caso di un'azienda di abbigliamento che su Facebook accusava gli utenti di essere faziosi cancellando i commenti, su Twitter usava la tecnica del "lei non sa chi sono io" e sul corporate blog si scusava per la figuraccia che, ovviamente, si amplificava mostrando proprio la mancanza di comunicazione interna all'azienda.
Non c'è nulla di sbagliato nello spiegare la situazione sui nostri canali o su quelli dei blogger che ci sono vicini, così come non esiste nulla di sbagliato nel preparare una difesa pubblica e accalorata, oppure fredda e calcolata, se non abbiamo nulla da nascondere.
Molto indicativo il caso di un'azienda di abiti sportivi invernali che, dopo essere stata attaccata in televisione da un famoso programma, ha postato una nota pubblica sul proprio sito in cui spiegava che quanto detto in tv era sbagliato e diffamatorio (portando copie dei certificati legali e cose simili) e dicendo che sarebbe seguita una denuncia.
Pulito, limpido, sicuro. E soprattutto senza fronzoli.

15.3 SCUSARSI

Chiedere scusa non è sbagliato e non è un'ammissione di debolezza, ma un modo corretto di riconoscere i propri errori.
Se i venditori dell'azienda XYZ sono stati davvero truffaldini

all'insaputa della direzione dell'azienda che, di fatto, hanno incasinato, perché non lo ammette chiedendo scusa?
Le scuse, quando sono ufficiali e mosse da qualcuno in vista che ha oggettivamente sbagliato, sono molto apprezzate e tendono a mettere fine alle polemiche.

15.4 ELIMINARE E **BLOCCARE**

Eliminare commenti negativi e bloccare utenti non è peccato, ma può essere molto pericoloso.
Qualche anno fa, il caso di un noto btand che produce intimo da donna verteva proprio sul fatto che, dopo una questione sorta in un negozio, la ditta ha iniziato a cancellare i commenti nella pagina ufficiale di Facebook, impedendo così alle persone di sfogarsi lì, nell'unico luogo sotto controllo dell'azienda.
Quindi non si dovrebbero mai cancellare i commenti negativi, tranne in casi estremi – come offese, bestemmie o frasi a sfondo razziale, sessuale o fatti condannabili pubblicamente e trasversalmente.
Se le persone sulla pagina di XYZ dicono che il prodotto non è buono e voi le bloccate cancellando i loro commenti, non smetteranno certo di pensare che il prodotto faccia schifo e tantomeno di scriverlo, ma esprimeranno la loro opinione dove voi non avete margini di controllo.

15.5 REGOLE **DI INGAGGIO**

Costruirsi un piccolo vademecum per l'ingaggio in caso di crisi è importante.
Se siete un'azienda strutturata, dovete definire chi fa cosa, distribuire le responsabilità in modo che ognuno abbia la sua parte di interazione da svolgere, in fretta, senza che nessuno invada lo spazio degli altri e senza possibilità di errore.
Non ha senso che uno scriva sul blog senza essersi consultato con chi gestisce i social, così come non ha senso che venga mandato a contattare i blogger chi non li ha mai sentiti prima.
Gerarchie e definizioni delle responsabilità sono fondamentali per non dare la colpa sempre al solito povero stagista.

15.6 GLI "ODIANTI" E **L'EFFETTO NANO SUL GIGANTE**

Reagire non deve per forza essere una costante, anche se certamente deve essere una consuetudine. E la reazione non deve essere per forza negativa, perché anche dire "grazie per la condivisione" è una reazione ed è apprezzabile e positiva. Ma... c'è un ma...
Nelle regole che abbiamo creato per capire come e quando ingaggiare, dobbiamo anche definire quando non fare assolutamente nulla. I casi non sono molti, ma uno in particolare va raccontato ed è riferito a quelli che in gergo vengono definiti hater (letteralmente "odianti").

Gli hater sono gli utenti che disprezzano, diffamano o criticano in modo solo e del tutto distruttivo una persona, un lavoro, un brand o addirittura un concetto.

Online il fenomeno dell'hater è molto comune, e tanto più comune e numericamente importante, se rapportato al numero di persone che il personaggio/brand soggetto d'odio è in grado di raggiungere.

Ma l'odiante è spesso frustrato dalla sua mancanza di capacità creativa (per questo distrugge, perché non sa creare), quindi si innesca l'effetto "nano sul gigante" spiegabile così:

L'UNICO MODO CHE HA UN NANO PER DIVENTARE ALTO È SALIRE SULLE SPALLE DI UN GIGANTE.

Riconosciamo gli hater dal fatto che non esistono vie di fuga, non esiste discussione, non ci sono presupposti di dialogo.

Di fatto, parlando con queste persone, non possiamo arrivare a nulla. Perché il loro eloquio non è finalizzato al loro piacere, alla loro o alla nostra formazione, ma semplicemente al nostro annientamento.

Quindi, per riassumere, dobbiamo curarci degli altri, ma ciò dipende da chi sono questi "altri" e dalle loro vere intenzioni.

Con gli hater non si vince e quindi non si gareggia.

Riconoscerli all'interno dei commenti è abbastanza semplice: i loro contenuti non vertono su nulla, se non sulla pura, palese e inutile provocazione.

Non si devono cancellare ma solo ignorare, togliendo loro la possibilità di salire sulle spalle del gigante.
Discriminare è difficile, perché è normale reagire di pancia a certe cose, ma dobbiamo imparare a farlo.

CONCLUSIONI

Siamo arrivati alla fine del nostro percorso, fatto di teorie per capire chi e dove siamo, e di tecniche per mettere in pratica quello che abbiamo appreso nella teoria. Ma adesso è il caso di mettere giù alcuni concetti base che riguardano quello che avete appena letto.
Prima di tutto, vorrei ribadire ancora che questo non è un libro accademico, ma un testo che tutti possono leggere per capire che cosa si intende con digital Pr e comprendere quali possono essere le grandi potenzialità della rete.
Tutti possono iniziare a riflettere e a mettere in pratica quello che hanno letto, non solo gli uffici stampa delle multinazionali. E quando dico tutti parlo davvero di tutti, visto che le relazioni ci riguardano, così come ci riguarda la vita digitale, che lo si voglia o no.
Ovviamente alcuni di noi avranno necessità particolari e divergenti rispetto a quelle di altri, ed è per questo che ho toccato moltissimi punti. Molte delle cose che ho detto le potete fare da soli, da domani, ma per fare lavori complessi servono professionisti, mezzi e risorse. Parlare di clean reputation, per esempio, è facile, ma farla, metterla in pratica lo è molto meno. Parlare di ingaggio degli utenti e di scraping è un conto, farlo un altro.
Il prodotto/servizio è alla base di tutto. Scusate se lo ripeto, ma è importantissimo. Non potete pensare di fare digital Pr spacciando il vostro prodotto per straordinario quando invece è solo costoso e per giunta mediocre. Dovete prendere in mano la realtà, guardarla con la massima onestà possibile e su quella costruire una strategia.
Il prodotto è alla base di tutto, così come il contenuto che ne deriva: se

avete un buon prodotto, potete fare un ottimo contenuto; se fate ottimo contenuto non è detto che abbiate a monte un buon prodotto. Prima, lavorate su quello.

Tenete sempre a mente tre cose:
i vasi comunicanti della reputazione;
il Teorema del triplo win;
la domanda: "Perché dovrebbe farlo?".

Tenete sempre a mente **i cinque teoremi** che vi espongo di seguito **per capire e vivere i social network,** perché anche grazie a questi sarete a vostro agio nel mare agitato e popolato di internet.

Primo teorema

Se ogni cinque cose che scriviamo quattro riusciamo ad alleggerirle nei toni o riusciamo addirittura a renderle "frivole", avremo l'attenzione su di noi anche quando vogliamo colpire nel segno: ogni cinque cose che dite, fate che quattro siano divertenti o utili.
(Le persone non sono online per comprare, ricordate?
Cercate di divertirle, di creare community, di essere utili.
Non di vendere).

Secondo teorema

Più avete seguito, più avete detrattori. È un assioma che prescinde da quello che scrivete e con quale conoscenza/autorità ne scrivete. All'aumentare della popolarità, aumentano invidia, critiche e pensieri discordanti dal vostro.

È normale, fisiologico e giusto.
(Non chiedetevi: "Cosa faccio se arriva la crisi?"; ma: "Cosa faccio quando arriva la crisi?".
Perché arriverà, statene certi).

Terzo teorema

Qualunque tipo di promozione basato su eventi che fondono la "real life" con la "digital life" è il modello dell'advertising di domani: la fusione digital-real-life è la pubblicità del futuro.
Di certo non cliccheremo su dei banner e dei link per sempre.
(Eventi, persone, aperitivi e abbracci legano di più di mille banner pubblicitari).

Quarto teorema

L'efficacia di un'azione dipende sempre dalla fatica che richiede.
Più fate fatica, più quello che fate è efficace.
Quando vi chiedete "meglio questo, o meglio quello?", sappiate che è sempre meglio la soluzione più faticosa.
(Quando vi viene in mente di copiare i contenuti degli altri perché "non avete tempo" per farli, fate a meno.
È inutile, dannoso ed è per questo che non costa fatica).

Quinto teorema

L'ironia, sui social media, spesso non viene percepita. Se scrivete qualcosa di ironico preparatevi a essere nel centro del mirino di chi non vi conosce bene: online non ci sono sorrisi o ammiccamenti e in quello che scrivete c'è quello che gli altri capiscono.

(Se siete un'azienda e parlate dietro un logo, cercate di essere divertenti, certo, ma fate attenzione con l'ironia, perché è un atteggiamento che viene capito solo in certi contesti e declinato su certe persone. Con un logo è difficile essere ironici).

LA TRASMISSIONE **DELLA FELICITÀ**

Ecco due domande che potremmo farci a questo punto: funzionano di più i contenuti impattanti ma negativi, oppure quelli positivi e gioiosi? Sono più incisive le persone crude che attaccano, o quelle che ironizzano e smorzano?
Credetemi, una risposta assoluta non c'è ma permettetemi di raccontarvi questa cosa che, spero, cambierà la vostra visione.
Tom Rath e Jim Harter, nel libro *Wellbeing. The Five Essential Elements*, spiegano, attraverso modelli matematici applicati a dodicimila persone analizzate, che

LA PROBABILITÀ DI ESSERE FELICI AUMENTA DEL QUINDICI PERCENTO SE SI È MOLTO VICINO A UNA PERSONA FELICE.

Questo potrebbe non sorprendere se si tratta del proprio partner o di un amico vicinissimo, ma quello che stupisce è che non importa chi sia questa persona, perché la vostra probabilità di essere felici

aumenta del quindici percento indipendentemente dall'identità della persona.
Ma l'aspetto davvero straordinario non è legato alla relazione stretta e al primo grado di separazione, perché con il buon senso e con proverbi come "La felicità è contagiosa" saremmo potuti approdare da soli alla stessa conclusione, anche senza studiare migliaia di persone.
L'aspetto affascinante è che la probabilità di essere felici aumenta del dieci percento se qualcuno collegato a voi da due gradi di separazione è felice.
Quindi **se l'amico del vostro amico è felice, voi lo siete del dieci percento in più;** e una persona felice al terzo grado di separazione – l'amico dell'amico dell'amico – incide sulla vostra felicità del sei percento.
Di fatto potete fare in modo di condizionare la rete, avete un'enorme responsabilità.
Secondo uno studio portato avanti ad Harvard, tutto questo potrebbe avere anche un risvolto sull'economia, perché la felicità aumenta la produttività, la vita media e abbassa la spesa sanitaria, perché ci si ammala meno.
Ora, io non credo pedissequamente in questo tipo di studi, perché penso sia già terribilmente difficile interpretare e definire la felicità, quindi anche misurarne la percentuale di aumento e calo e la ricaduta sul Pil mi pare azzardato, ma penso davvero che la felicità sia trasmissibile, contagiosa e utile.
Una volta, il mio amico Francesco Sordi mi scrisse: "Secondo me tu piaci o non piaci per una caratteristica che davvero ti contraddistingue: sei una persona felice.

E la felicità attira come una calamita, oppure è fonte di frustrazione per comparazione, quindi invidia, quindi repulsione".

LA FELICITÀ NON È UN VOSTRO DIRITTO, MA, IN BASE A QUELLO CHE ABBIAMO LETTO FINO A ORA, È UN DOVERE. NON È UN INTERRUTTORE, MA UN PERCORSO.

Ogni mattina vi dovete svegliare e lottare per essere felici, cambiare, migliorare e allenarvi a esserlo, giorno dopo giorno, affiancandovi a persone felici che a loro volta frequentano persone felici. Senza alibi, senza frasi fatte del tipo "io sono fatto così", oppure "questo è il mio carattere".

La felicità è un vostro dovere, ed è un vostro dovere fare sì che tutti possano aspirare alla felicità. Quindi, per tornare alla domanda iniziale: volete essere incazzati e corrucciati o volete essere felici?

Visto che potete condizionare gli altri anche se non li conoscete, avete una responsabilità e una missione: essere felici!

RINGRAZIAMENTI

Grazie a **Leonardo Milan** per avermi voluto come suo successore in IUSVE per quello che riguarda le digital Pr e grazie soprattutto a **Mariano Diotto,** per avere accettato questa bizzarria da parte di Leonardo: senza di loro non avrei avuto il coraggio e la credibilità necessarie per scrivere questo libro.

Grazie a **Francesco Sordi** che mi ha accompagnato nel mio percorso in università: è un profe stupendo, un serio professionista e un buon amico. Da lui ho imparato tantissimo.

Grazie **ai ragazzi** di **Web Star Channel**, **Noemi, Daniele, Antonio, Marco, Luca,** senza i quali questo libro forse non esisterebbe e se esistesse non sarebbe di certo così "fiko".

Grazie **alla mia compagna, Natascia,** che più invecchio, più mi dice che sono "pesante" e più mi vuole bene, dimostrandomi che le strade per la felicità sono davvero strane, confuse e bellissime.

Grazie al mio socio, **Riccardo "Skande" Scandellari**: provate a immaginare di avere un socio, un vostro grande amico e parte della vostra famiglia in una persona sola. Ecco, quello è "Skande". Senza di lui sarei "parziale" e sicuramente un po' più stronzo. Grazie a **Cecilia,** sua moglie, che è la fonte dell'equilibrio del mio socio oltre ad essere una persona con potenzialità straordinarie.

Grazie **ai miei genitori** che sono la cosa più bella mi sia capitata in sorte: la famiglia non la scegli e tirando i dadi mia mamma e mio papà sono un sette.

Grazie a **Balbo, Ferra, Lele, Mazze, Toky** e **Vince** (rigorosamente in ordine alfabetico) con i quali da anni e qualunque cosa succeda, che siano figli, mogli, nipoti, lavoro o calamità naturali, la birra del venerdì sera non ce la leva niente e nessuno. Di una valvola di sfogo abbiamo bisogno tutti, di birra anche.

Grazie a **Erika, Lampo** e **Lele** perché in questo periodo della mia vita sono stati e sono terribilmente importanti, e grazie alle mie **"Milf" Agle, Cri, Bubi, Giò, Giugi** e **Raffa** perché non potrei più vivere senza un gruppo WhatsApp di sole donne.

Grazie al **Walhalla** della **Lovvotica** composto da **Cla, Lico, Skande** e **sTen** perché chi l'ha detto che gli amici che si trovano in rete poi non possono diventare fratelli?

BIBLIOGRAFIA

Rudy Bandiera,
Rischi e opportunità del web 3.0 e delle tecnologie che lo compongono,
Flaccovio, Palermo 2014

Robert B. Cialdini,
Le armi della persuasione. Come e perché si finisce col dire di sì,
Giunti, Firenze 1995

Cory Doctorow,
Down and Out in the Magic Kingdom,
Tor Books, New York 2003

Daniele Frongia,
Social Network Analysis. Una introduzione ai metodi e agli strumenti,
Dipartimento di Scienze Statistiche,
Sapienza Università di Roma, Roma 2015

Seth Godin,
La Mucca viola. Farsi notare e fare fortuna in un mondo tutto marrone,
Sperling & Kupfer, Milano 2004

Matteo Pogliani,
Influencer Marketing. Valorizza le relazioni e dai voce al tuo brand,
Flaccovio, Palermo 2016

Tom Rath, Jim Harter,
Wellbeing. The Five Essential Elements,
Gallup Press, New York 2010

Progetto grafico
Cristina Menotti

Foto di copertina
Jessica Morelli

Retro di copertina
Riccardo Scandellari

Prima edizione: maggio 2017

www.electa.it

Azienda certificata ISO 9001
Mondadori Electa S.p.A. è un'azienda certificata per il Sistema di Gestione Qualità da Bureau Veritas Italia S.p.A., secondo la Norma UNI EN ISO 9001:2008.

Questo libro rispetta l'ambiente
La carta utilizzata è stata prodotta con legno proveniente da foreste gestite secondo rigide regole ambientali, le aziende coinvolte garantiscono una produzione sostenibile aderendo alle certificazioni ambientali.

Questo volume è stato stampato
presso Elcograf S.p.A.,
via Mondadori 15, Verona
Stampato in Italia - Printed in Italy